Alle Veränderung, im Kosmos wie im Mikrokosmos, in der Natur und in der menschlichen Gesellschaft, geschieht durch die Umwandlung von Materie, Energie und Information. Diese Veränderung hat eine Richtung, und daher gibt es die Zeit, die vergeht. Deshalb wird die Sonne in 4 bis 5 Milliarden Jahren verlöschen, und deshalb werden wir alt. Beherrscht wird dieser Prozeß von dem Weltgesetz der Vermehrung der Entropie. Es bestimmt, daß von aller aufgewendeten Arbeit, aller verbrauchten Energie, von aller umgewandelten Materie sich immer nur ein Teil im Ergebnis oder im Produkt wiederfindet, ein anderer Teil aber als Abfall, als zerstreute, nutzlose, nicht rückholbare Energie und Materie verlorengeht. Arbeit ruiniert die Welt, macht sie ärmer, vermehrt das Wertlose.

Dieses Weltgesetz anzuerkennen, heißt, einzusehen, daß die Zeit des ökonomischen Übermuts, der auf ewiges, durch Arbeit und vermeintlich unerschöpfliche Ressourcen erwirtschaftetes Wachstum setzt, vorbei ist. Daß die Erwartung, es könnte auf Dauer gelingen, die Armut aus der Welt zu treiben, ein Selbstbetrug ist. Daß die Hoffnung trügt, Ökologie und Ökonomie versöhnen zu können. Von dem naturgesetzlich unaufhaltsamen Prozeß des Niedergangs und von Möglichkeiten, ihn zu verlangsamen, handelt dieses Buch.

Christian Schütze, geboren 1927 in Dresden, arbeitete nach dem Studium der Geschichte und Philosophie und Tätigkeit am Forschungsinstitut der Deutschen Gesellschaft für Auswärtige Politik als Redakteur bei der *Stuttgarter Zeitung.* Er ist seit 1964 leitender Redakteur für Umweltpolitik, Energiepolitik, Bildungspolitik und Innenpolitik bei der *Süddeutschen Zeitung.* Er ist mit dem Theodor-Wolff-Preis und anderen Publizistik-Preisen ausgezeichnet worden. Wichtigste Buchveröffentlichungen: *Gift und Schmutz von A–Z,* München 1971; *Die Lage des Waldes* (zus. mit G. Meister und G. Sperber), München 1984; *Skandal – der Umgang mit dem Unerhörten,* München 1985.

Christian Schütze

Das Grundgesetz vom Niedergang

Arbeit ruiniert die Welt

Carl Hanser Verlag

ISBN 3-446-15740-9

Umschlag: Klaus Detjen, Hamburg, unter Verwendung der
Computergraphik »Weltbiß«, © 1986 Dalim
Gesamtherstellung: Ludwig Auer GmbH, Donauwörth
Printed in Germany

Inhalt

Vorwort

Für den Physiker und den Ingenieur sind die Hauptsätze der Thermodynamik vertraute Begleiter ihrer täglichen Arbeit. Es sind eherne Naturgesetze, nicht von Vorhergehendem ableitbar und nicht zu überlisten. Sie zerstören den Traum vom Perpetuum mobile. Sie bieten Widerstand, wenn die »bessere Technik« gesucht wird. Diese besteht in höheren Wirkungsgraden energieumwandelnder Maschinen; nichts anderes tun Maschinen, als Energie aus einer Form in die andere umzuwandeln. Die thermodynamischen Hauptsätze erklären physikalische Erscheinungen und chemische Reaktionen. Wo immer Energie umgewandelt wird, bestimmen sie den Spielraum aus Freiheit und Grenzen.

Die Thermodynamik ist die strenge Wissenschaft von den Beziehungen zwischen Temperatur und Arbeit (Energie). In ihren Formeln zeigt sich die Realität und Wirkung der Hauptsätze in quantitativer Weise. Doch reicht die Geltung dieser Hauptsätze weit über den Bereich des streng Quantifizierbaren hinaus. Als Prinzipien, als Konzept beschreiben die Hauptsätze fundamentale Zusammenhänge in der gesamten Natur, im menschlichen Zusammenleben und im wirtschaftlichen Handeln. Sie sind ständig gegenwärtig. In Volksweisheiten wie »Von nichts kommt nichts« und in der alten philosophischen Erkenntnis des Heraklit, daß alles fließt, verbergen sich der Erste und Zweite thermodynamische Hauptsatz, der auch Entropiegesetz heißt. Was kompliziert klingt und schwierig zu sein scheint, ist einfach, entspricht unserer Lebenserfahrung und ist uns so selbstverständlich, daß wir keinen Gedanken mehr daran verschwenden. Solche Gedankenlosigkeit ist die Ursache vieler Probleme. Sie erlaubt es, daß wir uns über den Zustand unserer Welt täuschen und täuschen lassen. Sie führt dazu, daß wir nichts wissen von der Wirkungsweise und Macht des Entropieprinzips, das ein Grundgesetz vom Niedergang ist. Sie läßt uns den Niedergang beschleunigen, während es darauf ankäme, ihn zu bremsen.

Die Umwandlung von Energie und Materie ist der Inhalt aller Veränderung. Diese Veränderung hat eine Richtung, und daher gibt es die Zeit, die vergeht. Deshalb werden wir alt. Deshalb wird die Sonne, die das Lebenssystem des Menschen geschaffen hat und noch erhält, in 4 bis 5 Milliarden Jahren erlöschen. Wir haben das Gefühl, daß früher alles besser war, und wir sind geneigt, dem römischen Dichter Horaz zuzustimmen, wenn er bemerkte, die Zeit entwerte die Welt. Von der Physik führt der Weg des Denkens in die Philosophie.

Menschliches Handeln wird von der Vorstellung bestimmt, welche sich die Menschen von den Zusammenhängen der Welt machen. Sie erklären Ereignisse nach einem vorgegebenen Muster, nach dem bekannten Beispiel und dem vertrauten Vorbild. In der wissenschaftlichen Zeitbetrachtung wird dafür der griechische Begriff Paradigma gebraucht. Ein jedes Zeitalter denkt, fühlt und handelt nach seinem eigenen Paradigma. Die gegenwärtig drückenden oder drohenden Krisenerscheinungen – Umweltzerstörung, Übervölkerung, Inflation, Energieknappheit – sind die Folgen falscher Vorstellungen vom Weltgeschehen und der Mißachtung fundamentaler Gesetze. Wir fühlen, daß es höchste Zeit ist, das Paradigma zu wechseln. Der Glaube an den immerwährenden technischen Fortschritt ist ins Wanken geraten. Hat es an Weitsicht gemangelt? Was war der Grund für die Fehleinschätzung?

Die einflußreichen Wirtschaftswissenschaften, denen die Politiker in den Ländern der westlichen wie der sozialistischen Welt so vertrauensvoll glauben, haben die thermodynamischen Hauptsätze gern den Physikern überlassen. Vielleicht geschah dies aus Respekt vor deren höherer Spezialkenntnis, vielleicht auch aus Furcht vor Desillusionierung, oder einfach aus Unkenntnis. Erst in jüngerer Zeit haben weitblickende, fragende, unabhängige Ökonomen und Ökologen auf die Tatsache hingewiesen, daß zumal der Zweite Hauptsatz viel mehr regiert als nur die Technik von Wärmekraftmaschinen, daß er das beherrschende Grundgesetz des Weltenlaufes ist. Dieser Satz heißt auch Entropiesatz nach dem griechischen »entropein«, was umkehren oder umwandeln bedeutet. Er handelt in der strengen Thermodynamik davon, daß Energie durch die verschiedenen Umwandlungen hindurch immer nur eine Richtung hält, die Richtung hin zu Wärme von niedriger Temperatur. Wo der Entropiesatz außerhalb der reinen Thermodynamik als Konzept oder Prinzip gilt, also nicht in Formeln zu fassen ist, bedeutet er, daß von aller aufgewendeten Arbeit und von allem eingesetzten Material sich immer nur ein Teil im Ergebnis oder im Produkt wiederfindet, ein anderer Teil aber als Abfall verlorengeht. Dieser Verlust ist unvermeidlich. Das Verlorene vermehrt die Entropie, die Gesamtmenge des nicht mehr Nutzbaren, nicht mehr Rückholbaren. Von der unaufhaltsamen Vermehrung der Entropie handelt dieses Buch, und von der Tatsache, daß diese Wahrheit nicht zur Kenntnis genommen wird.

Der kundige Leser mag fragen, was daran neu sei. Ist nicht über die Hauptsätze der Thermodynamik alles bekannt? Wurde über ihre Geltung als Konzept oder Prinzip in Gebieten außerhalb der Physik in jüngster Zeit nicht viel nachgedacht und geschrieben? Sicher. Dennoch ist die Sichtweise, die den Entropiesatz, das Gesetz vom entropischen Charakter des Weltgeschehens, beim Denken als fundamentales Prinzip anerkennt oder gar beim Handeln berücksichtigt, die seltene Ausnahme. Die Sache, um die es geht, wird allenfalls empfunden, aber nicht, oder doch nur widerwillig, akzeptiert. Das wurde erkennbar, als ein Aufsatz in der *Süddeutschen Zeitung* zu diesem Thema außerordentliches Interesse fand und sowohl lebhafte Zustimmung wie leidenschaftlichen Widerspruch erregte. Der Artikel beruhte, wie vor Jahren schon ein »Denkstück« in der damals neu gegründeten Zeitschrift *Na-*

tur, auf Arbeiten des Statistikers und Ökonomen Nicholas Georgescu-Roegen, der aus Rumänien stammt und in den Vereinigten Staaten lebt. Sein Verdienst ist es, den Entropiesatz der Monopolverwaltung durch die Physiker entrissen und besonders den Ökonomen zur Beachtung empfohlen zu haben. Sein Vierter Hauptsatz der Thermodynamik, der vom Schicksal der Materie im Wirtschaftsprozeß handelt, ist für die Zukunft der Menschheit wahrscheinlich noch bedeutsamer als der Zweite Hauptsatz, der bei allem scheinbaren Überfluß unsere Energiekrise programmiert.

Der Autor dieses Buches schuldet Georgescu-Roegen und anderen, die dessen Gedanken weitergetrieben haben, viel Dank für Inspiration und Aufklärung. Nichts kann uns helfen außer der klaren Erkenntnis unserer Lage. Sie leitet uns an zum rettenden Handeln.

Thermodynamik

Thermodynamik (Wärmelehre) ist ein Teilgebiet der Physik. Sie untersucht, wie sich die Zustandsgrößen geschlossener physikalischer Systeme bei der Zufuhr oder Abfuhr von Wärme verändern. Entstanden ist sie aus dem Bedürfnis, die Beziehungen zwischen Wärmeenergie und mechanischer Energie in Wärmekraftmaschinen zu verstehen.

Auf diesen Bereich blieb sie lange beschränkt, doch dehnte sich die thermodynamische Betrachtungsweise auf die Chemie und Biologie aus, nachdem deutlich wurde, daß in allen Prozessen des Naturgeschehens Energieumwandlungen eine Rolle spielen.

Die Aussagen der Thermodynamik wurden im vorigen Jahrhundert als Hauptsätze formuliert und als Axiome betrachtet, weil sie unabhängig von Materialeigenschaften beteiligter Stoffe sind. Ihre strenge mathematische Formulierung im Einzelfall ist schwierig, doch beweist Erfahrung die Gültigkeit der in ihnen ausgedrückten Prinzipien.

Erster Hauptsatz der Thermodynamik

Der Erste Hauptsatz postuliert, daß die Gesamtenergie eines geschlossenen Systems immer gleich bleibt, auch wenn chemische Energie in Wärme, diese in mechanische und diese wieder in elektrische Energie verwandelt werden. Die einzelnen Energieformen können mit dem mechanischen oder elektrischen Energieäquivalent ineinander umgerechnet werden. Der Erste Hauptsatz, auch Erhaltungssatz genannt, handelt nur von Energie-Quantitäten, er besagt nichts über Qualität und Nutzbarkeit, über die »Freiheitsgrade« der Energieformen.

Zweiter Hauptsatz der Thermodynamik

Der Zweite Hauptsatz sagt, daß die Entropie eines abgeschlossenen Systems nicht vernichtet werden kann und immer größer wird. Sie kann nur verändert werden durch Austausch mit der Umgebung, womit deren Gesamtentropie wiederum vergrößert wird. Das bedeutet, daß alle Wärmevorgänge eine Richtung haben vom höheren zum niederen Niveau. Wärme geht nicht von selbst aus dem Körper niederer Temperatur in den höherer Temperatur über. Soll sie das, muß nach dem Clausiusschen Prinzip Arbeit aufgewendet, das heißt, aus einem anderen System muß Energie zugeführt werden.

Entropie

Entropie, ein 1865 von dem deutschen Physiker Rudolf Clausius eingeführter Begriff, kommt aus dem Griechischen und bedeutet Veränderung, Umkehrung. Er bezeichnet denjenigen Teil der Wärmeenergie, der in Wärmekraftmaschinen nicht in mechanische Energie umgewandelt werden kann, sondern zu Abwärme auf niederem Niveau wird.

Die Thermodynamik unterscheidet zwischen umkehrbaren und nichtumkehrbaren Prozessen. Die umkehrbaren gibt es nur als theoretische Grenzfälle, alle anderen sind nichtumkehrbar, irreversibel, und verlaufen von selbst. Dabei werden Potentiale zunichte, und die Entropie wird größer.

Entropie-Veränderung kann als Maß der Nichtumkehrbarkeit eines Prozesses angesehen werden; der Energieaufwand, der nötig ist, um die eingetretene Entropievermehrung in dem geschlossenen System rückgängig zu machen, ist diesem Maß proportional.

Die Entropie ist Null in einem idealen Festkörper (ohne jeden Kristallfehler), dem alle Wärme restlos entzogen ist. In einem solchen System gibt es keine ungeordnete Molekularbewegung mehr, es besteht ein Zustand äußerster Unwahrscheinlichkeit.

Die Entropie ist unendlich groß, wenn am Ende aller Energieumwandlungsprozesse das Universum den »Wärmetod« erleidet.

Der Entropiebegriff macht uns Schwierigkeiten, weil er etwas Negatives bedeutet, seine Umwendung ins Positive aber den Tatbestand nicht treffen würde. Entropie bedeutet eben nicht das Gegenteil von Energie, sondern nur die Abwesenheit von *nutzbarer* Energie, von nutzbarem Potential.

Materie

Die Welt besteht aus Materie, Energie und Information. Materie soll hier nur im Wirtschaftsprozeß betrachtet werden, nicht als philosophischer oder physikalischer Gegenstand. Materie ist der Stoff, der im Wirtschaften unter Anwendung von Energie umgewandelt wird. Aus Rohstoffen entstehen Nahrungsmittel und Gebrauchsgüter. Auch Energieträger sind selbstverständlich Materie im physikalischen Sinn, doch werden sie in unserer Betrachtung eben nicht als Rohstoffe zur Weiterverarbeitung gesehen, sondern als chemisch oder physikalisch gebundene Energie.

Wenn die Zerstreuung von Materie aus der Ordnung der konzentrierten Lagerstätten in die Unordnung der Massenproduktion und Abfallhalden als Zunahme der Entropie aufgefaßt wird, so entspricht das der Verallgemeinerung der thermodynamischen Hauptsätze aus der Wärmelehre. Das Prinzip der Entropievermehrung reicht über die Grenzen der Thermodynamik hinaus, es gilt für den gesamten Weltprozeß.

Ein Beispiel aus dem täglichen Leben

In einem modernen Haushalt wird eine Tasse Kaffee gekocht; eine einfache Sache. Doch dazu sind viele Energieumwandlungsprozesse nötig. Im Bergwerk wird Kohle gefördert, sie wird zum Kraftwerk gefahren und verfeuert. Von ihrem theoretischen Energiegehalt werden allerdings nur zwischen 30 und 40 Prozent zu Strom, je nach Qualität des Kraftwerkes. Der Rest der Energie verschwindet durch den Kühlturm oder im Fluß als Abwärme in der Umwelt. Ein Teil des Stromes fließt zurück ins Bergwerk zur Förderung weiterer Kohle. Einen anderen Teil verbraucht die Lokomotive, die Kohle zum Kraftwerk transportiert. Sie wandelt elektrische in mechanische Energie um. Beim Anfahren und Bremsen verschwindet diese Energie als Abwärme. Ehe der Strom zum Elektrokochtopf gelangt, mußte er Widerstände in Freileitungen und Transformatoren überwinden; dabei ging von der erwünschten Energie Elektrizität wiederum ein Teil als unnütze Abwärme verloren.

Nun erhitzt der Strom das Wasser auf 100 Grad. Es wird über das Kaffeepulver gegossen, der heiße Topf bleibt zurück und kühlt langsam aus. Viel Energie war nötig, bis dieses Pulver endlich auf dem Filterpapier liegt: Strom für Stickstoffdünger, Dieselöl für Transporte, Strom für das Rösten und Mahlen. Das bißchen Sonnenenergie zum Reifen der Kaffeebohnen ist kaum der Rede wert, auch wenn die Fernsehwerbung wegen des Aromas viel Aufhebens davon macht. Nun kommt die Tasse Kaffee auf den Tisch. Aber in diesem Augenblick klingelt das Telefon. Nach zehn Minuten ist das Gespräch zu Ende, und der Kaffee ist kalt. Die in ihm enthaltene Wärme war über eine Kaskade verlustreicher Umwandlungsprozesse erzeugt worden: Chemische Energie (Kohle) wurde zu hochkonzentrierter thermischer Energie (überhitzter Dampf im Kraftwerk), dann über die mechanische Energie in der Kraftwerksturbine zu Strom, dann wieder zu Wärme von hoher Temperatur, schließlich zu Niedertemperaturwärme. Nun hat der Kaffee Zimmertemperatur angenommen, nicht aber das Zimmer die Temperatur des Kaffees. Die Wärme des Kaffees ist in die kältere Umgebung ausgewandert. Das Zimmer wurde um einen winzigen Bruchteil wärmer, doch dieser Energiezuwachs ist wegen der unterschiedlichen Dimensionen kaum spürbar und wertlos. Aber selbst wenn die Kaffeetasse denselben Rauminhalt hätte wie das umgebende Zimmer, so wäre dieses nach dem Abfließen der Wärme aus dem Kaffee zwar merklich wärmer, aber es wäre niemals möglich, diese Wärme in den Kaffee zurückzutransportieren. Noch niemals ist es gelungen, eine Tasse Kaffee durch Zimmerwärme wieder aufzuheizen. Der Zweite Hauptsatz steht dagegen, der feststellt, daß Wärme immer nur vom wärmeren in den kälteren Körper fließt, niemals umgekehrt.

Die Energie, die nötig war für diese Tasse Kaffee, ist allerdings nicht verschwunden. Der Erste Hauptsatz der Thermodynamik hält fest, daß Energie weder geschaffen noch zerstört, sondern nur umgewandelt werden kann. Das geschieht in der Natur ebenso wie in der Technik. Und bei allen diesen Umwandlungsprozessen nimmt die Energie – auch wenn sie Umwege macht – immer nur eine Richtung und endet schließlich als Niedertemperaturwärme, die nicht mehr nutzbar ist. Man nennt diese Form der Energie gebundene Energie, während jene, die noch Arbeit leisten kann, freie Energie heißt. Die Menge der gebundenen Energie auf Erden ist ungeheuer. Die Erdrinde und die Weltmeere, von der Sonne bestrahlt, haben eine Temperatur weit über dem absoluten Nullpunkt, der bei minus 273 Grad liegt. Doch ist diese riesige Energiemenge nicht nutzbar; noch nie wurde ein Schiff über den Ozean bewegt, indem man die im umgebenden Wasser enthaltene Energie für den Antrieb verwenden konnte. Schiffe müssen, wie alle Fahrzeuge, Maschinen, Heizungen und Kochtöpfe, mit freier Energie betrieben werden. Sie liegt vor in hochkonzentrierter Form in den fossilen Brennstoffen Kohle, Erdöl und Erdgas, aber auch im Holz der Wälder oder im Wind, den die freie Sonnenenergie bewegt. Die fossilen Brennstoffe, mit denen unsere technische Zivilisation angetrieben wird, sind dadurch entstanden, daß seit dreieinhalb Milliarden Jahren grüne Pflanzen das Sonnenlicht eingefangen und als Biomasse gespeichert haben, daß Tiere von diesen Pflanzen lebten und die gespeicherte Energie in Fett und Eiweiß umwandelten, daß alles dieses dann in erdgeschichtlichen Umwälzungen unter hohem Druck und von der Luft abgeschlossen in tiefere Schichten versenkt wurde. Seit etwa 200 Jahren werden diese Vorratskeller mit ihren Energiekonserven von den Menschen geplündert, und wie lange das noch so weitergehen kann, ist die große Schicksalsfrage.

Andere freie Energie wird gewonnen aus der Spaltung von Urankernen in Atomkraftwerken, aber auch die auf die Erde gestrahlte Sonnenenergie ist freie Energie. Sie läßt sich in Kollektoren konzentrieren, sie erzeugt energiereiche Nahrung und sie treibt die Bewegungen in der Atmosphäre an, woraus sich nutzbare Wind- und Wasserkraft ergeben.

Nicolas Georgescu-Roegen hat gezeigt, daß der Zweite Hauptsatz, der den Verlust an Verfügbarkeit von Energie beim Übergang von einer Stufe zur anderen beschreibt, auch für die Materie gilt. In seinem Hauptwerk *The Entropy Law and the Economic Process* (1971) und in zahlreichen kleineren Veröffentlichungen ist er der Frage nachgegangen, welches Schicksal die Materie im Wirtschaftsprozeß erleidet. Es ist dasselbe Schicksal, das nach dem Ersten und dem Zweiten Hauptsatz der Thermodynamik die Energie hat. Georgescu-Roegen spricht deshalb von einem Vierten Hauptsatz der Thermodynamik, wobei er einräumt, daß der Ausdruck nicht sehr glücklich ist, weil es eben nicht um Wärme und Energie geht, sondern um Materie. Aber so, wie der Erste Hauptsatz feststellt, daß Energie nicht verschwindet, sondern nur die

Erscheinungsform wechselt, so gilt auch, daß Materie nicht zerstört und nicht geschaffen werden kann und daß nichts von ihr verlorengeht. Sie kann allerdings in immer neuen unterschiedlichen Verbindungen auftreten. Daß Materie nach der berühmten Einsteinschen Äquivalenzformel Energie gleich Masse multipliziert mit dem Quadrat der Lichtgeschwindigkeit ($E = m \cdot c^2$) in Energie umgewandelt werden kann, was bei Kernreaktionen geschieht, ist ein Sonderfall und spielt für unsere Betrachtung hier keine Rolle. So wie der Zweite Hauptsatz den Qualitätsverlust von Energie beim Abstieg von einer Energiestufe zur anderen beschreibt und damit den Verlust an Verfügbarkeit von Energie für uns Menschen, so beschreibt der Vierte Hauptsatz das Entschwinden von Materie während des Wirtschaftsprozesses in die Unverfügbarkeit. Georgescu-Roegen hat dem Vierten Hauptsatz folgende Formulierung gegeben:

A. Unverfügbare Materie kann nicht in den Wirtschaftsprozeß zurückgeführt (rezykliert) werden.

B. Ein geschlossenes System, das mit einer äußeren Umgebung Materie nicht austauschen kann, kann nicht für alle Zeit mit gleichbleibendem Ertrag Arbeit leisten.

In Analogie zum Energieverfall bei der Tasse Kaffee können wir uns ausmalen, was aus einer Tonne Blei wird. Im Bergwerk wird Bleiglanz, das häufigste Bleierz, abgebaut. Es enthält fast 87 Prozent Blei und 1 Prozent Silber. Schon der Transport in die Bleiverhüttung erfordert früher gewonnenes Blei: Kabelummantelungen für die Stromversorgung der Lokomotive, Bleimennige für den Rostschutzanstrich ihrer Räder, Bleiplatten für Akkumulatoren im Bahnbetrieb. Bei der Verhüttung des Bleiglanzes verschwindet ein Teil des Metalls mit dem Schlackenabfall auf der Halde. Bei zahlreichen Direktverwendungen ist das Blei zur Verteilung bestimmt. Die Schrotkugeln der Jäger fliegen auf Nimmerwiedersehen davon; nur wo an Land auf Tontauben geschossen wird, könnte es eines Tages lohnen, das Schrot wieder aus der Erde zu sieben und das wertvolle Blei zurückzugewinnen. Noch feiner verteilt verschwindet Blei in Farbpigmenten und chemischen Verbindungen, so im Bleitetraäthyl, das dem Motorenbenzin zugesetzt wird. Nur ein Teil des geförderten Bleis wird nach industrieller Verwertung wieder zurückgewonnen, so zum Beispiel das aus Batterien. Beim Wiedereinschmelzen und Neuverwenden entstehen abermals Verluste. Bekannt ist, daß in der Umgebung von Bleihütten oder bleiverarbeitenden Betrieben große Mengen des Metalls fein verteilt liegen. Während es von dort allenfalls noch wiedergewonnen werden könnte, ist dies unmöglich bei jenem Blei, das durch die Auspuffe der Autos in die Umwelt geblasen wird, sich in den Böden ablagert, im Schlamm der Flüsse verteilt und schließlich auf dem Grund des Ozeans endet.

Im Nachwort zu Jeremy Rifkins Buch *Entropy – A New World View* macht Georgescu-Roegen auf einen Unterschied zwischen der Energie-Entropie und der Materie-Entropie aufmerksam. Während in dem geschlossenen System Weltraum am Ende aller Energieentwertung, wenn alle Potentiale zerfallen sind und alle Energiestufen durchlaufen wurden, der sogenannte »Wärmetod« des Universums steht, gilt für die Materie im geschlossenen System Erde, daß sie im Chaos endet. Der Begriff Chaos steht hier für Unordnung oder gleichmäßige Durchmischung. Allerdings müsse man sich davor hüten, von der Materie-Entropie als einer meßbaren Größe zu sprechen. Meßbare Entropie gäbe es nur bei der Energie, weil Energie homogen sei; Materie dagegen in gemischter Form sei heterogen, wie sich schon aus dem periodischen System der Elemente ergebe. Die Faktoren, welche die Materie zerstreuen, seien sehr verschieden, je nach Material. Deshalb könnten wir – zur Zeit – die Materiezerstreuung nicht in einer allgemeinen Formel erfassen, was freilich nicht bedeute, daß solche Verteilung und Zerstreuung nicht stattfände; es gäbe eine ganz allgemeine Entwertung verfügbarer Materie durch Entschwinden in die unverfügbare Form.

Das Naturgeschehen hat eine Richtung. Sie führt aus der Konzentration der Dinge in Verteilung und Zerstreuung. Potentiale an Energie und Materie werden ausgeglichen, abgebaut, dadurch, daß sie technisch genutzt werden. Sie gehen aus der Ungleichverteilung, die man auch als Ordnung bezeichnen kann, in die Gleichverteilung über, die Unordnung heißt oder Chaos. Die Entropie wird deshalb auch als ein Maß für die Unordnung definiert oder als ein Maß der Wahrscheinlichkeit eines Zustandes. Unordnung ist immer wahrscheinlicher als Ordnung. Unsere Lebenserfahrung kann das, was hier sehr theoretisch klingt, nur bestätigen. Unordnung entsteht von selbst; um Ordnung zu machen, müssen wir freie Energie aufwenden. Auch im geschlossenen System Kinderzimmer wird die Entropie von selbst immer größer.

Energie und Materie im geschlossenen System

Nach der durch Lebenserfahrung gestützten Anschauung kehren wir zur Theorie zurück. Energie begegnet uns in mehreren Umwandlungsformen als Gravitations-Energie, kinetische Energie, elektrische, chemische, Wärme-Energie, schließlich als Strahlung und als Bindungsenergie in Atomkernen, die nutzbar gemacht werden kann. Der Erste Hauptsatz der Thermodynamik, der auch Energiesatz genannt wird, handelt von der Erhaltung der Energiemenge, unabhängig von Energieübergängen in die verschiedenen Umwandlungsformen. Robert Mayer und James Prescott Joule haben 1842 und 1843 die Wärme als eine Form von Energie erkannt; sie beobachteten und erforschten, wie mechanische Energie durch Reibung aufgebraucht wird und sich dadurch die beteiligten Körper erwärmen. Mechanische Arbeit und Wärme können ineinander umgewandelt werden. Aber über dieses sogenannte mechanische Wärmeäquivalent hinaus besagt der Erste Hauptsatz, daß die Summe der Energie in einem geschlossenen System gleich bleibt, unabhängig davon, welche Umwandlungsformen die Energie annimmt.

Der Zweite Hauptsatz hat nicht den hohen Rang eines Erhaltungssatzes, aber er beruht auf physikalischen Erfahrungen und Beobachtungen. Er besagt, daß Wärme von der höheren zur niederen Temperatur wandert und daß dieser Prozeß nicht rückgängig gemacht werden kann. Der einmal abgekühlte Körper kann nur durch Zufuhr neuer freier Energie wieder auf seine ursprüngliche Temperatur gebracht werden, was aber mit einer Veränderung der Energiebilanz in der Umgebung verbunden ist. Dort wurde die Entropie, also die Summe der nicht mehr nutzbaren Energie, größer; zum anderen wurde der Vorrat an freier Energie vermindert. Es handelt sich um einen irreversiblen Prozeß, also um einen Prozeß, der nur in einer Richtung abläuft.

Soll eine Wärmekraftmaschine, ein Automotor oder eine Dampfmaschine Arbeit leisten, soll also aus Wärme mechanische Energie entstehen, muß ein Wärmegefälle geschaffen werden. Deshalb muß ein Automotor gekühlt werden, ebenso wie eine Dampfmaschine. Die abgeführte Wärme geht mit dem Kühlwasser oder mit der Kühlluft verloren, sie geht in die Summe der Entropie ein. Von der ursprünglich in der Kohle oder im Benzin enthaltenen Energie wird immer nur ein Teil in mechanische Bewegung umgesetzt. Diesen Anteil zu vergrößern, ist eine ständige Aufgabe für Ingenieure. Es geschieht meist dadurch, daß die Eingangstemperaturen erhöht werden, womit das Wärmegefälle gegenüber dem Kühlmittel größer wird. Die besten Kraftwerke erreichen heute einen thermischen Wirkungsgrad von etwa 40 Prozent. Noch nicht einmal die Hälfte der hineingesteckten Energie kommt in Form von mechanischer Energie oder Strom wieder heraus. Bei Automotoren liegt der Wirkungsgrad zwischen 10 und 15 Prozent. Große Verluste in Form von Abwärme sind unumgänglich.

Der französische Ingenieur-Offizier Nicolas Leonard Sadi Carnot, Sohn des Schöpfers der französischen revolutionären Volksheere, ging 1824 der Frage nach, wieso in einer Dampfmaschine aus Wärme Bewegung werden kann. In seinem Buch *Reflexions sur la puissance motrice du feu et sur les machines propres à développer cette puissance* beschrieb er, wie die gewinnbare Arbeit allein von der Temperaturdifferenz abhängt. Die Formel für den sogenannten Carnotschen Kreisprozeß, die den thermischen Wirkungsgrad einer Maschine angibt, lautet: Eingangstemperatur minus Ausgangstemperatur dividiert durch Eingangstemperatur. Dieser Wert muß stets kleiner als 1 sein. Anders ausgedrückt: Nur ein Bruchteil der hineingesteckten Energie wird in Form von Arbeit wiedergewonnen. Die Dampfmaschine kommt zum Stehen, wenn die Eingangstemperatur wegen des Mangels von Kühlwasser oder weil Brennstoff fehlt der Temperatur des Kondensators gleich geworden ist und kein Wärmegefälle mehr besteht. Dann hört innerhalb des geschlossenen Systems Dampfmaschine die Entropiezunahme auf, weil sie ihr Maximum erreicht hat. Die Weihnachtspyramide will sich nicht mehr drehen, wenn die vielen Christbaumkerzen die Luft so sehr erwärmt haben, daß die Kerzenflammen unter dem Flügelrad keine höhere Temperatur mehr erzeugen können, als die darüberliegende Luft hat. Es besteht kein Temperaturunterschied mehr, kein »Gefälle« (das hier allerdings von unten nach oben geht); die Luftströmung, welche die Pyramide treibt, hört auf. Die Entropie im Wohnzimmer hat in Höhe der Pyramide ein Maximum erreicht. Alle mechanische Arbeit ist mit Entropievermehrung verbunden. Wo Entropie nicht vermehrt werden kann, ist Arbeit nicht möglich, und die Entropiezunahme ist größer als die gewonnene Arbeit.

In der klassischen Thermodynamik gibt es den theoretischen Zustand des Gleichgewichts, in dem die Entropie ein Maximum erreicht und Prozesse reversibel werden. In der Realität der Natur gibt es aber nur irreversible Prozesse, die mit Entropievermehrung verbunden sind. Auch das geschlossene System ist ein theoretisches Konstrukt. Der deutsche Physiker Rudolf Clausius hat es sich 1868 ausgedacht, als er das Gesetz erkannte, wonach in einem geschlossenen System bei Energieumwandlungen jener Anteil der Energie, der sich nicht mehr nutzen läßt, stets größer wird. Er prägte für diesen Anteil den Begriff der Entropie. Auf das gesamte Universum angewandt, formulierte Clausius den Zweiten Hauptsatz der Thermodynamik: »In der Welt strebt die Entropie ständig einem Maximum zu.«

Daß die Entropie auch als Maß für Ordnung oder Unordnung gelten kann, ergibt sich aus dem Dritten Hauptsatz der Thermodynamik, dem sogenannten Nernstschen Wärmetheorem. Wärme ist ungeordnete Molekularbewegung. Wenn am absoluten Nullpunkt einem idealen Festkörper (Einkristall) alle Wärme entzogen ist, findet keine Molekularbewegung mehr statt. Dann ist der Zustand höchster Ordnung erreicht, die Entropie ist gleich Null. Auch dieser Zustand kommt in der Natur nicht vor, weil der absolute Nullpunkt bisher nirgendwo gemessen und auch durch größte Anstrengungen in Laboratorien noch nicht erreicht wurde. Er ist nur eine rechnerisch ermittelte Naturkonstante. Auch den idealen Festkörper, den fehlerfreien Einkristall, gibt es in der Natur nicht. Die Natur ist ein Gemenge von offenen Systemen, nichtidealen Festkörpern unterschiedlicher Temperatur und von Materie in den verschiedensten Aggregatzuständen. Der Erste Hauptsatz der Thermodynamik, der Erhaltungssatz, hat deshalb kaum praktische Bedeutung. Dagegen ist der Zweite Hauptsatz der Thermodynamik, der Entropiesatz, das alles beherrschende Weltgesetz. Was immer geschieht, der Zweite Hauptsatz regiert. Seine Aussage: Energie zerfällt zu Entropie, Gefälle werden ausgeglichen, Niveaus kommen einander näher, aus Konzentration wird Zerstreuung, aus Nutzbarem Unnützes, aus Ordnung Chaos.

Auf der Jagd nach der negativen Entropie

Für unser gewöhnliches Empfinden ist nach allem bisher Gesagten die Entropie etwas Unerfreuliches, modern gesprochen: Sie ist negativ besetzt. Wenn jetzt der Begriff »negative Entropie« zu erörtern ist, dann bedeutet die doppelte Negation, daß es sich um etwas Positives handeln muß. Unter negativer Entropie versteht man deshalb in der Sprache des Zweiten und des Vierten thermodynamischen Hauptsatzes freie Energie oder verfügbare Materie. Was geschieht mit der negativen Entropie im Wirtschaftsprozeß?

Eine Kohlenlagerstätte, in der hochkonzentrierte Energie versammelt war, wird ausgeräumt, die Kohle wird verfeuert, ihre Energie wird über mehrere Umwandlungsstufen hinweg zu Entropie. Als nutzlose Niedertemperaturwärme geht sie in die Atmosphäre ein. Der ursprünglich konzentrierte Kohlenstoff wird in Form von Kohlendioxyd im Luftmeer verteilt. (Daß der Anteil dieses Spurengases während der Zeit der industriellen Nutzung fossiler Brennstoffe ständig zugenommen hat, ist eine bedrohliche Tatsache; aber vom Treibhauseffekt und den Auswirkungen auf das Weltklima, auf die Höhe des Meeresspiegels usw. soll hier nicht die Rede sein.)

Eine Bleimine enthält negative Entropie. Sie wird abgetragen, das in ihr enthaltene Material verteilt sich über Land und Meer. Überall sucht der Wirtschaftsprozeß Inseln negativer oder niedriger Entropie auf: Ölquellen, Kohlegruben, Lagerstätten von Erzen, Phosphaten usw. Er trägt diese Inseln ab. Was in erdgeschichtlichen Prozessen konzentriert worden ist, wird zerstreut. Aus der Ungleichverteilung wird Gleichverteilung, aus der Ordnung wird Unordnung. Von diesem nutzbaren Gefälle lebt der Wirtschaftsprozeß, er beutet den Niveau-Unterschied zwischen Konzentration und Dissipation aus. Bei diesem Vorgang verschwindet wertvolle Materie für immer.

Nichts bringt sie in den Wirtschaftskreislauf zurück, in diesen Wirtschaftskreislauf, der in Wahrheit kein Kreislauf ist.

Georgescu-Roegens Arbeit begann mit dem Erstaunen darüber, daß unter Wolken von glänzenden nationalökonomischen Theorien einige Widersprüche verborgen sind. Er fand es merkwürdig, daß noch Jahrzehnte nach der Entthronung des mechanistischen Dogmas in der Physik, wonach das Weltgeschehen sich in kreisförmiger Bewegung abspiele, nicht aber in gerichtetem Verlauf, die Wirtschaftswissenschaften am Paradigma des Kreislaufs festhielten und den Wirtschaftsprozeß als eine ständige Pendelbewegung zwischen Angebot und Nachfrage beschrieben. Der ökonomische Prozeß sei eine ewige Wiederkehr von Produktion und Konsum; in ihm seien Kapital und Arbeit entscheidend, während Materie und Energie als sogenannte freie Güter einfach der Natur entnommen werden, wobei allenfalls die Gewinnungskosten zählten. Nicht der Zweite Hauptsatz der Thermodynamik habe die Nationalökonomen beunruhigt, was nötig gewesen wäre, sondern der Erste Hauptsatz habe sie beruhigt, fand Georgescu-Roegen. Sie seien bei der physikalischen Erkenntnis stehengeblieben, daß an Energie und Materie nichts verlorengehen könne, wie es der Erste Hauptsatz befiehlt. Der Zweite Hauptsatz, der vom unvermeidlichen Verschwinden des Wertvollen und Brauchbaren handelt, sei ihnen entweder nicht bekannt geworden, oder sie hätten seine Wahrheiten verdrängt. Daß zwischen dem ökonomischen Prozeß und der materiellen Umwelt eine ununterbrochene, geschichtsbildende Wechselwirkung – geschichtsbildend im Sinne eines nicht umkehrbaren Prozesses – bestehe, mache den durchschnittlichen Nationalökonomen keinen Eindruck, schrieb Georgescu-Roegen, und seine eigene Konsequenz formulierte er so: »Ein unorthodoxer Nationalökonom – wie ich einer bin – würde sagen, daß das, was in den ökonomischen Prozeß aufgenommen wird, aus wertvollen natürlichen Stoffen besteht, das was aus ihm entlassen wird, aus wertlosem Abfall.«

Erst seit einigen Jahren macht auch dem durchschnittlichen Nationalökonomen die Tatsache Eindruck, daß die Preise bestimmter Rohstoffe steigen und daß es Energieknappheit geben kann – wie in den siebziger Jahren erwiesen. Auch wenn zu Beginn der Achtziger die Ölländer in unsinniger Konkurrenz damit begonnen haben, ihr Öl zu Schleuderpreisen auf den Markt zu bringen, täuscht der Preisverfall dieses Energieträgers heute wahrscheinlich nur noch den unterdurchschnittlichen Nationalökonomen und spiegelt ihm die Unendlichkeit dieser Ressource vor. Der durchschnittliche Wirtschaftswissenschaftler weiß, daß die Ölvorräte zu Ende gehen müssen, denn man kann bekanntlich den Kuchen nicht zugleich essen und behalten. Auch Öl kann man nur einmal verbrennen. Auch die Industriegeschichte erinnert an diese Selbstverständlichkeit. An ihrem Beginn waren die Inseln negativer Entropie, also hoher Konzentration von Energie und Rohstoff, leicht erreichbar. Nach 150 Jahren der Entfaltung von Industrie in Europa sind sie es nicht mehr. Heute ist der finanzielle und technische Aufwand bei der Erschließung neuer Öllagerstätten unter dem arktischen Meeresboden oder in stürmischen Ozeanen so beträchtlich, daß die Energieexperten besorgt auf die Konvergenz der Kurven von Aufwand und Ertrag schauen. Der Augenblick rückt unaufhaltsam näher, da die Förderung einer Tonne Erdöl genausoviel Energie verbraucht, wie in dieser Tonne enthalten ist. Dann entsteht ein Preis-Kosten-Gleichgewicht und die Förderung hört auf. Für Kohlegruben gilt dasselbe, auch wenn hier die leicht erreichbaren Vorräte noch bedeutend größer sind als bei Erdöl und beim Erdgas. Wenn die Förderung eines Energieträgers soviel Energie verbraucht, wie in der geförderten Menge enthalten ist, verliert auch die Formel von der »Förderung zu wirtschaftlich vertretbaren Kosten« ihre Gültigkeit. Energieträger sind eine harte Währung.

Über die »Reichweite« der wirtschaftlich gewinnbaren fossilen Brennstoffe werden immer neue Rechnungen angestellt.

Die Schätzungen über noch vorhandene Ressourcen schwanken sehr, so beim Erdgas bis zu 100 Prozent. Während mehrere Energiekonferenzen in den siebziger Jahren wurden unterschiedliche Prognosen abgegeben. Danach ergab sich gegen Ende der siebziger Jahre ein Mittelwert von 2000 Milliarden Barrel Erdöl, das mit gegenwärtiger Technik gefördert werden könne. Allerdings sei es nötig, bis zum Jahr 2000 den Ausnutzungsgrad der Lager von derzeit 30 auf 40 Prozent zu verbessern. Der Höhepunkt der Produktion werde wahrscheinlich um 1990 mit ca. 100 Millionen Barrel pro Tag erreicht und bis zum Jahre 2020 auf 40 Millionen täglich zurückgehen. Bei den Schätzungen über die Vorräte wird unterschieden zwischen Ressourcen und gesicherten Reserven. Ressourcen werden jene vermuteten Lager genannt, die man nach geologischen Erfahrungen für vorhanden hält, aber mit gegenwärtigen Techniken nicht erschließen kann. Gesicherte Reserven sind dagegen bereits gefunden und in ihrem Umfang bekannt; sie können mit gegenwärtiger Technik ausgebeutet werden. Die gesicherten Reserven sind etwa halb so groß wie die vermuteten Ressourcen.

Betrachtungen zur Reichweite von Vorräten unterliegen großer Unsicherheit. Die »Lebensdauer« eines Rohstoffes hängt von der Entwicklung des Bedarfes ab. Der wiederum wird beeinflußt von technischen Entwicklungen in der gesamten Industriezivilisation, von der Preisentwicklung, die nicht immer nur der Nachfrage und dem Angebot gehorcht, sondern auch politisch bestimmt sein kann. Schließlich spielt die Technik der Ausbeutung eine Rolle. Die größte Unsicherheit kann von politischen Veränderungen ausgehen.

So war die Welt darauf vorbereitet, bei einer Störung der Ölversorgung aus dem Persischen Golf mit Rohölmangel fertig werden zu müssen. Zwar unterbrach der Krieg zwischen dem Irak und dem Iran die Ölversorgung dann vorübergehend und verteuerte wegen steigender Versicherungsraten die Transporte, doch der wichtigere, obgleich unerwartete Effekt war das Auseinanderbrechen des OPEC-Kartells. Statt der weltweiten Ölknappheit kam es zum Überfluß mit Dumpingpreisen, weil die Kriegsgegner Öl gegen Waffen verschleuderten. Die Konsumenten in der freien Marktwirtschaft reagierten wie üblich kurzatmig und unvernünftig. Das billige Öl wurde in sogenanntes Wirtschaftswachstum umgesetzt; die seit der Ölkrise von 1973 angelaufenen Ölspareninvestitionen wurden abgebrochen oder doch merklich gebremst. Die Industrieländer rasten wieder mit Vollgas in die weit geöffnete Falle. Dabei wäre es zweckmäßig gewesen, sich auf künftigen Mangel einzurichten und die Warnungen der von dem amerikanischen Präsidenten Jimmy Carter in Auftrag gegebenen Studie *Global 2000* aus dem Jahre 1980 zu beherzigen. Dort stand als Zusammenfassung aller Indikatoren: »Die langfristigen Energievorhersagen zeigen eine fallende Weltölproduktion, begleitet von steigender Nachfrage. Die wichtigste langfristige Schranke für die mögliche Produktion ist die geschätzte Höhe der erschließbaren Ressourcen. Das Ölangebot kann die Nachfrage im Jahre 2000 nur dann decken, wenn die optimistischsten Annahmen bezüglich der Ergänzung von Reserven zutreffen.«

Hinter diesen etwas trockenen Formulierungen verbirgt sich eine ungeheure Dynamik. Unsere vom Erdöl angetriebene Verschwendungswirtschaft ist nur 130 Jahre alt. 1859 wurde in Pennsylvania die erste ergiebige Ölquelle angebohrt. Schon ein Jahr später betrug die Förderung 70 000 Tonnen. Vor 60 Jahren erreichte man die Jahresproduktion von 200 Millionen Tonnen. Angesichts großer gesicherter Reserven errechnete sich damals die Reichweite des Erdöls auf 1000 Jahre. Vor dem Zweiten Weltkrieg sank die Prospektionstätigkeit so weit, daß der Vorrat auf 14 Jahre schrumpfte. Doch der Krieg mit seinen riesigen Anforderungen führte zu einer gewaltigen Produktionssteigerung. »Auf einer Woge von Öl wurden die Alliierten zum Siege getragen«, schrieb Winston Churchill in seinen Memoiren.

Nach dem Krieg wurde Wirtschaftswachstum die Staatsphilosophie in der kapitalistischen ebenso wie in der sozialistischen Welthälfte. Die große ölgetriebene Industrialisierung begann. Die Kohle, bis dahin wichtigster Energieträger, verlor ihre Spitzenstellung. Öl war billiger zu fördern und leichter zu handhaben. Die Wirtschaftswissenschaftler waren guten Mutes, weil Jahr um Jahr mehr Ölvorräte neu erschlossen als verbraucht wurden. Vom Ende der dreißiger bis zum Ende der siebziger Jahre stieg der Jahresverbrauch der Welt an Erdöl von 300 Millionen Tonnen auf 3 Milliarden Tonnen. Er wuchs jedes Jahr um 5,8 Prozent und verdoppelte sich alle 12 Jahre. Helmar Nahr, der frühere Präsident der deutschen Energiegesellschaft, ein erfolgreicher Erfinder, Produzent und Zahlenmeister, hat ausgerechnet, daß diese Verbrauchssteigerung, würde sie bis zur Mitte des nächsten Jahrhunderts so weitergehen, dann zu einem Jahresverbrauch von 10^{21} Tonnen führen müßte; das wären eine Trilliarde Kubikmeter, das Volumen des Erdballs. Und hätten die Vorräte, wie man im Jahre 1930 prognostizierte, wirklich für 1000 Jahre gereicht, dann wäre der Erdölverbrauch im Jahre 2930 auf 536 Milliarden Erdbälle angeschwollen, und so viel könne selbst der mutigste und findigste Prospektor nicht erschließen.

Heute beträgt der Anteil des Erdöls am Weltenergieverbrauch rund 60 Prozent. Die Suche nach neuen Lagerstätten wird seit Mitte der siebziger Jahre immer weniger ergiebig. Noch 1970 wurde das Vierfache des Verbrauchs alljährlich neu erschlossen, 1980 nur noch weniger als das Doppelte. Seit 1975 kommen zu den bekannten Reserven nur noch 2 Milliarden Tonnen pro Jahr hinzu. Dabei mag mitwirken, daß die gegenwärtige Ölschwemme durch die Dumpingpreise der OPEC-Länder die Suche nach neuen Öllagern uninteressant macht. Aber es besteht kein Zweifel: Die leicht erreichbaren Lagerstätten nähern sich der Erschöpfung, und immer mehr Probebohrungen bleiben »trocken«. Nach 40 Jahren des hektischen Aufbaues einer ölbetriebenen Industriezivilisation und der blinden Erwartung, daß es immer mehr und mehr Öl geben werde, zeigen sich Grenzen der Verfügbarkeit dieses Treibstoffs. Daß sich die künftige Knappheit noch nicht in den Preisen von heute niederschlägt, liegt an der Unfähigkeit der Förderländer, ihre einzigartige Position als Hauptenergielieferant der Welt in einem funktionierenden Kartell nutzbar zu machen. Sie verschleudern ihre Zukunft mit noch größerer Geschwindigkeit als die Industriestaaten, die es versäumen, eine Energiepolitik einzuleiten, die mit Hilfe des noch vorhandenen Öls die notwendigen Investitionen für die Nach-Ölzeit sichern könnte. Präsident Reagan löste das Problem, indem er sogleich nach seinem Amtsantritt die pessimistische Studie *Global 2000* aus dem amtlichen Gebrauch verbannte.

Die Lebensdauer des »konventionellen« Erdöls könnte durch die Ausbeutung von Teersänden und Ölschiefer verlängert werden. Auch reichen die Kohlenvorräte bei dem gegenwärtigen Verbrauch für weitere 600 Jahre. Diese Zeit würde sich allerdings verkürzen, wenn Kohle wieder die Rolle des aufgebrauchten Erdöls einnehmen müßte. Die verheerenden Folgen für die gesamte Vegetation und die bisher noch fruchtbaren Böden durch die zunehmend sauren Niederschläge sind hinlänglich bekannt. Gesichert ist auch, daß sich der Anteil des Spurengases Kohlendioxyd in der Atmosphäre von derzeit 0,03 bis 0,06 Prozent im Jahre 2020 verdoppeln wird, wenn fossile Brennstoffe im bisherigen Tempo weiterverfeuert werden. Über die Gefahr drohender Klimaänderungen durch den damit ausgelösten Treibhauseffekt ist im Jahre 1988 ausgiebig debattiert worden. Das Problem ist erkannt, entsprechende Entscheidungen, die von der Staatengemeinschaft zu fällen wären, bleiben aus.

Vom Öl als einem Rohstoff, der aufgebraucht wird, obwohl man ihn vor wenigen Jahrzehnten für unerschöpflich hielt, war hier nur deshalb die Rede, weil das Beispiel besonders dramatisch ist. Bei anderen Rohstoffen ist die Entwicklung ähnlich, nur weniger anschaulich. Am Öl hängt alles, und die

Mitteilungen der Zehntel Pfennigbeträge hinter dem Komma an den Tankstellen beweisen, daß der Benzinpreis als politischer Preis die Rolle des Brotpreises, der früher über Ruhe oder Unruhe im Lande entschied, übernommen hat. Das emotionale Wohlbefinden ganzer Nationen hängt heute davon ab, daß mit Hilfe von Erdölprodukten Mobilität billig hergestellt wird. Die Wirtschaftspolitik der Staaten zielt auf Wachstum, das durch möglichst billiges Erdöl zu erzielen sei. Statt das Erdöl entsprechend seiner Knappheit zu besteuern und die staatlichen Kassen aus dieser Quelle zu füllen, hoffen die Finanzminister, billiger Treibstoff werde an anderer Stelle Umsätze erzeugen, die sich besteuern lassen. Das Ergebnis ist der Aufbau einer Wirtschaftsstruktur, in der mit Erdöl Maschinen und Produktionen aufgebaut werden, deren Bestimmung es ist, Erdöl zu verbrauchen. Der Kollaps dieser Strukturen, wenigstens aber ihr Niedergang, ist unvermeidlich.

Fossile Energieträger, die verfeuert worden sind, sind weg. Da gibt es kein Recycling. Zwar entstehen auch in unseren Zeiten alljährlich aus 1000 bis 2000 Milliarden Tonnen Biomasse, die aus Sonnenlicht produziert werden, durch Absinken in den Untergrund 1000 bis 2000 Tonnen Erdöl. Knapp die Hälfte davon kann gefördert werden. Helmar Nahr hat ausgerechnet, daß diese Menge für 250 Autos reicht, wenn sie durchschnittlich nur eine halbe Stunde pro Tag fahren. Die 30 Millionen Autos in der Bundesrepublik verbrauchen so viel förderbares Erdöl, wie in 120 000 Jahren gebildet wurde. Der gesamte Ölverbrauch von Autos, Heizungen und Industrie betrug 1980 3 Milliarden Tonnen. In nur einem Jahr wurde so viel Erdöl verfeuert, wie in 6 Millionen Jahren der Frühgeschichte unserer Biosphäre aus Sonnenenergie entstanden ist.

Der Bedarf an nichtenergetischen mineralischen Rohstoffen ist entsprechend den Prognosen von vor 10 Jahren jährlich um 3 Prozent gestiegen; gegenüber 1976 wird er sich bis zum Jahre 2000 verdoppeln. Nach *Global 2000* betrug bei prognostizierten Zuwachsraten die Reichweite von:

	Jahre
Fluor	13
Silber	17
Zink	19
Quecksilber	21
Schwefel	23
Blei	25
Wolfram	31
Zinn	31
Kupfer	36
Nickel	43
Platin	44
Phosphatgestein	51
Mangan	56
Eisenerz	62
Aluminium	63
Chrom	80
Kali	86

Danach müßten Fluor bereits aufgebraucht, Silber äußerst knapp sein. Daß es nicht so ist, ergibt sich aus dem reichen und preiswerten Angebot von Filmen für Profis und Amateure sowie aus der üppigen Werbung für Silberschmuck und Bestecke. Die Vorratsschätzungen mögen falsch gewesen sein, sie enthielten aber auch nicht den Recycling-Effekt. Die Raten der Rückgewinnung sind für die einzelnen Materialien sehr verschieden. Sie hängen zum großen Teil von der Knappheit des Rohstoffes, also vom Grad der Ausbeutung der Lagerstätten ab. Wird das Rohmaterial knapp, steigt sein Preis, das Recycling wird wirtschaftlich interessant. Um die Mitte der achtziger Jahre lag die Recycling-Quote für Kupfer bei 61 Prozent, für Blei bei 42 Prozent, für Nickel bei 40, für Zink bei 14, für Aluminium bei 48 Prozent. Das Wiedergewinnen von Materie aus dem Abfallstrom und ihre Rückführung in den Wirtschaftskreislauf vermindern zwar die Materie-Entropie, erfordern aber Energie. Die Stoffe müssen eingesammelt, sortiert und gereinigt werden, bevor sie für neue Verarbeitung tauglich sind. Dennoch kann das Recycling in bestimmten Fällen billiger sein als die Verarbeitung von frischem Material aus Lagerstätten. So verbraucht z. B. das Wiedereinschmelzen von rezykliertem Aluminium nur 4 Prozent der Energie, die nötig ist, um dieselbe Menge aus Bauxit frisch zu gewinnen. Bei Mangan sind es nur 2 Prozent, bei Kupfer 3 Prozent, bei Titan 30 Prozent des Energieaufwandes. Mit der Erschöpfung der Lagerstätten wird das Recycling zunehmend wichtiger, an verbesserten Techniken wird fieberhaft gearbeitet.

Recycling bedeutet Verminderung von Materie-Entropie, Aufbau von negativer Entropie. Es bedeutet auch die Wiederherstellung von Ordnung. Einige Entwicklungsländer geben dafür anschauliche Beispiele. Tausende von Menschen in Mexico City leben davon, daß sie aus den Müllbergen der Zwanzig-Millionen-Stadt die dort in völliger Unordnung, also bei hoher Entropie abgelagerten Wertstoffe wieder heraussortieren und Ordnung schaffen. Vom wertvollen Metall bis zum Zeitungspapier wird alles wieder säuberlich geschieden und zur Wiederverwendung bereitgemacht. Wie es das Gesetz des Kapitalismus befiehlt, haben sich findige Großunternehmer von der Stadt das Recht erworben, diese Müllberge den Armen zur Ausbeutung zuzuweisen, wofür sie eine vom Ertrag abhängige Gebühr einbehalten. Sie gehören inzwischen zur wohlrespektierten Millionärskaste: Privatarmeen von Pistoleros sorgen dafür, daß ihnen kein Ertrag entgeht. Während in Mexico City und Kairo die Menschen in den Müllhalden wühlen, gibt es in der Türkei Förderbänder, auf denen der Abfall entlangfährt. Die Plätze für die Sammler von Wertstoffen an diesen Förderbändern müssen gegen Bezahlung gekauft oder gemietet werden. Die Preise sind gestaffelt: Am Anfang des Bandes, wo die Auswahl der gemischten Materialien noch groß ist, kostet der Platz am meisten. Dort werden die größeren Brocken der wertvolleren Metalle herausgeklaubt. Im

Mittelfeld finden dann Blechbüchsen und Plastikabfälle Interesse, ganz am Ende des Bandes nur noch Papier und Holz. Das ist ein hochzuschätzender Beitrag der armen Nationen für die Weltwirtschaft. Sie wirken der Materie-Entropie, die in den reichen Industrieländern verheerende Ausmaße angenommen hat, mit scheinbar primitiven, in Wahrheit wirtschaftlich höchst effektiven und intelligenten Methoden entgegen.

Vollständiges Recycling ist nicht möglich. Der Kreislauf der Materie im Wirtschaftsprozeß kann nicht geschlossen werden, weil der Dritte und Vierte Hauptsatz der Thermodynamik dem entgegenstehen. Nur ein Teil läßt sich wiedergewinnen, ein Rest verschwindet unaufhaltsam, und dieses bei jedem neuen Recycling immer wieder – es sei denn, man wendet viel Energie auf, um möglichst viel Materie aus der Verteilung wieder einzusammeln. Aber damit wird das Problem nur in den Bereich der Energie-Entropie verlagert. Vollständiges Recycling, also 100 Prozent Rückgewinnung von Materie aus der Zerstreuung in die Konzentration, würde nach dem Dritten Hauptsatz, dem Nernstschen Theorem, Energieaufwand von der Größe unendlich erfordern. Nach Georgescu-Roegens Viertem Hauptsatz kann ein geschlossenes System nicht für alle Zeiten mit derselben Produktionsrate arbeiten. Im Hinblick auf Materie betrachtet, ist die Erde aber ein geschlossenes System. Außer einigen Raumsonden, die im Universum verschwinden, verliert sie keine Materie, und gelegentliche Kleinmeteoriten, die aus dem Kosmos kommen und die Luftschicht durchdringen, so daß sie die Erdoberfläche erreichen, ohne zu verglühen, sind kein wesentlicher Zuwachs zur Materie auf Erden.

So ist die Wirkung des Entropieprinzips im Bereich der Materie einschneidender als bei der Energie. Denkbar wäre immerhin die Rückkehr der Menschheit zu einer Wirtschaftsweise, die nicht mehr von Energievorräten aus der Erdgeschichte lebt, sondern vom zugestrahlten Einkommen aus der

Sonne. Das wäre zwar keine Verschwendungswirtschaft wie unsere gegenwärtige, und es würden auch nicht so viele Menschen wie heute auf Erden leben können, aber die Energieversorgung wäre dann für etwa 5 Milliarden Jahre gesichert, so lange, wie nach den Vorausschätzungen die Sonne noch scheint.

Mit der Materie ist das anders, von außen kommt nichts hinzu, doch hält der Fluß der Dinge aus der Konzentration in die Zerstreuung an. Wer wirklich an die Zukunft der Menschheit denkt und es mit der Verantwortung für künftige Generationen ernst meint, den muß die Materie-Entropie ebenso besorgt machen wie die Energie-Entropie.

Das ist aber nicht der Fall, wie jeder weiß, sondern die Geringschätzung der Materie erreicht in unseren materialistischen Zeiten ein nie gekanntes Ausmaß. Die Entropievermehrung ist durch den Wirtschaftsprozeß ungeheuer beschleunigt worden; der wirtschaftliche Fortschritt besteht darin, daß immer mehr Maschinen entstehen, mit deren Hilfe Rohstoffe in Abfall, Energie in Abwärme verwandelt werden. Durch die Brille der Thermodynamik gesehen, ist Wirtschaftswachstum nichts anderes als ein Wettlauf um die Reste von wertvoller niedriger Entropie, damit diese so schnell wie möglich in hohe Entropie, in Wertloses umgesetzt werden können.

Nun ist der Zweck des Wirtschaftens, wie jeder weiß, nicht die Produktion von Abfall, sondern die Herstellung erwünschter Güter zur Erhaltung des Lebens und zur Steigerung des Lebensgenusses. Der Produktionsprozeß besteht in der Veredelung von Materie zum menschlichen Gebrauch. Da ist es gut, sich klarzumachen, was dabei geschieht. Der Veredelungsprozeß konzentriert im Produkt niedere Entropie, vermehrt aber hohe Entropie überproportional im umgreifenden System Wirtschaft oder Natur. Die Dampfmaschine und die Schweinehaltung sind die klassischen Anschauungsmittel. In der Dampfmaschine wird wertvolle mechanische Energie erzeugt auf dem Umweg über weniger wertvolle Wärme. Bei der Veredelung, die ein »Hochpumpen« auf ein höheres Qualitätsniveau der Energie ist, verschwinden unvermeidlich zwei Drittel der in der Kohle gebundenen Primärenergie (je nach Qualität der Maschine oder Turbine einmal mehr, einmal weniger) als Abwärme von niederem Niveau. In der Schweinemast müssen bis zu zehn Kilokalorien Energie in Form von Dieselöl für den Traktor oder Kunstdünger für das Maisfeld aufgebracht werden, damit eine Kilokalorie in Form von Schnitzel entsteht. Auf allen Stufen der landwirtschaftlichen Produktion wird niederwertige Energie eingesetzt, damit höherwertige entsteht. Daß bei der Primärproduktion von Pflanzen das Verhältnis von Energieeinsatz und Energieertrag günstiger ist als bei der Veredelung zu Schweinefleisch, liegt am Beitrag, den die Sonne leistet. So entstehen bei Weizen aus einer Kilokalorie niedriger Energie (im Traktorentreibstoff, Pflanzenschutzmittel, Mähdrescher usw.) 2,2 Nahrungskalorien. Bei der Kartoffel ist das Verhältnis 1:1, bei Milch erhält man nur noch 0,9 Nahrungskalorien aus einer »technischen« Kalorie, die investiert wurde.

Es wäre sicher sehr schwierig, die Erzeugung einer Kilokalorie Schweinefleisch thermodynamisch durchzurechnen, aber das Prinzip ist ohne Schwierigkeiten für jedermann erkennbar: Veredelung bedeutet Konzentration von qualitativ hoher Energie unter Verlust einer größeren Menge qualitativ niederer Energie, die unmittelbar in die Gesamtentropie eingeht. Bei der Dampfmaschine wie im Schweinestall entsteht Abwärme nahe der Umgebungstemperatur. Das Veredelungsprodukt nimmt einen Umweg, ehe seine Energie zu Entropie wird. Der Strom treibt die Schlagbohrmaschine, die das erwünschte Loch schafft, wobei sich Maschine und Bohrer erhitzen. Das Schweineschnitzel wird zur Muskelarbeit beim bohrenden Heimwerker und zu schweißtreibender, unerwünschter Abwärme.

Wie gering die Materialisten die Materie schätzen

Was Karl Marx an der Natur vor allem interessierte, waren die Besitzverhältnisse. Wie die Nationalökonomen vor ihm, sah er Boden und Bodenschätze – und erst recht Wasser, Luft und Licht – als »freie Güter« an, allen Menschen geschenkt, aber von wenigen geraubt. Das Bild des britischen Theoretikers Sir William Petty, wonach die Arbeit der Vater, die Natur aber die Mutter des Wohlstandes seien, übernahm er zwar, doch bewertete er in den zahlreichen Äußerungen zur »Arbeitslehre« den väterlichen Anteil bei der Entstehung von Werten sehr viel höher als den von Mutter Natur. Sehr vage spricht er vor allem von den »Naturkräften«, die der kapitalistische Unternehmer sich nutzbar mache. Im Vorwort zur *Kritik der politischen Ökonomie* kommt der Begriff Materie überhaupt nur in adjektivischer Verbindung vor. Da ist die Rede von materiellen Produktivkräften, von der Produktionsweise des materiellen Lebens, von materiellen Existenzbedingungen. In *Lohnarbeit und Kapital* heißt es: »Das Kapital besteht aus Rohstoffen, Arbeitsinstrumenten und Lebensmitteln aller Art, die verwandt werden, um neue Rohstoffe, neue Arbeitsinstrumente und neue Lebensmittel zu erzeugen.« Daß man Rohstoffe nicht »erzeugen« kann, ist Karl Marx sicher bewußt gewesen. Die Verwendung des Wortes in diesem Zusammenhang geschah aber gewiß nicht aus Nachlässigkeit, sondern weil zwischen Erzeugen und Gewinnen kein Unterschied besteht, solange man die Rohstoffe für unerschöpflich hält.

Es gehört zu den Widersprüchen der materialistischen Weltanschauung, daß sie die Gleichgültigkeit gegen die Materie im Wirtschaftsprozeß mit hoher Begeisterung für die Geschichte der materiellen Welt verbinden kann. Wo Marx, wie alle traditionellen Nationalökonomen vor ihm, die Unerschöpflichkeit der Ressourcen voraussetzte und sie deshalb zu den minder wichtigen Erscheinungsformen des Kapitals zählte, beobachtete Engels mit einer gewissen bangen Ahnung die Verwüstung der Erde durch den Menschen, fand aber Trost im Ersten Hauptsatz der Thermodynamik, wonach Energie nicht geschaffen und nicht zerstört werden kann. Er nannte das Jahr 1842 epochemachend. »Mayer in Heilbronn und Joule in Manchester wiesen den Umschlag von Wärme in mechanische Kraft und von mechanischer Kraft in Wärme nach. Die Feststellung des mechanischen Äquivalents der Wärme stellte dieses Resultat außer Frage«, schrieb er in der Einleitung zur *Dialektik der Natur*. Im kosmischen Kreisprozeß organisiere auch Materie sich zu immer neuem Leben, auch wenn unser Planet einmal kalt und tot sein werde. »Die Physik war, wie schon die Astronomie, bei einem Resultat angekommen, das mit Notwendigkeit auf den ewigen Kreislauf der sich bewegenden Materie als letztes hinwies.« Man habe nunmehr die Gewißheit, daß »die Materie in allen ihren Wandlungen ewig dieselbe bleibt, daß keines ihrer Attribute je verlorengehen kann und daß sie daher auch mit derselben eisernen Notwendigkeit, womit sie auf der Erde ihre höchste Blüte, den denkenden Geist, wieder ausrotten wird, ihn anderswo und in anderer Zeit wieder erzeugen muß«. Und in der Auseinandersetzung mit Ludwig Feuerbach schrieb Engels: »Die Materie ist nicht ein Erzeugnis des Geistes, sondern der Geist ist selbst nur das höchste Produkt der Materie. Dies ist natürlich reiner Materialismus.«

Allerdings ist Materie in solchen Betrachtungen mehr ein philosophisch gedachtes Substrat für den aus ihr erwachsenden Geist, der nach wie vor als das Ziel des Weltenlaufes erscheint. Bei so viel Begeisterung für die riesigen kosmischen Materie-Kreisläufe dachte Engels nicht an derart profane Dinge wie die Bedeutung der Materie für das Wirtschaften auf Erden. So sah er auch keinen Anlaß, an den Kreisprozeßvorstellungen der Wirtschaftstheoretiker zu zweifeln. Die Lehren Newtons und Hegels von der Natur als eines sich stets gleichbleibenden Ganzen mit ewigen Weltkörpern und unveränderlichen Arten von organischen Wesen, wie sie Linné vertreten habe, seien durch den modernen Materialismus überwunden worden. Dieser habe erkannt, »daß die Natur ebenfalls ihre Geschichte in der Zeit hat und die Kreisläufe, soweit sie überhaupt zulässig bleiben, unendlich großartige Dimensionen annehmen«. Die Ökonomen seit Adam Smith allerdings – und Karl Marx selbst machte durchaus keine Ausnahme – sahen im ökonomischen Geschehen einen besonders engen Kreislauf der ewigen Wiederkehr von Angebot und Nachfrage, von Produktion und Konsum.

Die Erkenntnis, daß der Weltprozeß eine Richtung habe, war für Engels nicht nur Grund zur Begeisterung, sondern auch zur Sorge. Er sah die Degradation der Natur. In der 1876 erschienenen Betrachtung über den *Anteil der Arbeit an der Menschwerdung des Affen* schrieb er, es sei die Arbeit, die den »letzten, wesentlichen Unterschied des Menschen zu den übrigen Tieren« ausmache. Das Tier benutze die Natur lediglich und verändere sie allenfalls durch seine bloße Anwesenheit; der Mensch jedoch beherrsche sie. »Schmeicheln wir uns indes nicht zu sehr mit unseren menschlichen Siegen über die Natur. Für jeden solchen Sieg rächt sie sich an uns. Jeder (Sieg) hat in erster Linie zwar die Folgen, auf die wir gerechnet, aber in zweiter und dritter Linie hat er ganz andere, unvorhergesehene Wirkungen, die nur zu oft jene ersten Folgen wieder aufheben.« Als Beispiel nannte Engels die Verkarstung des Mittelmeergebietes, zu der die instinktgetriebenen fressenden Ziegen und die planvoll abholzenden Griechen und Venezianer gleichermaßen beigetragen hätten. In philosophischer Spekulation wie in historisch-praktischer Beobachtung war Friedrich Engels damit dem Zweiten Hauptsatz der Thermodynamik nahegekommen. Unvorhergesehene Nachwirkungen, welche die Erfolge zunichte machen – das ist eine der vielen möglichen Formeln für den entropischen Prozeß, den wir menschliches Handeln auf Erden nennen.

Gegen die historisch erwiesene Gefahr der Verwüstung durch unvorhergesehene Folgen siegreicher Beherrschung der Natur setzte Engels die Hoffnung, daß die »gewaltigen Fortschritte der Naturwissenschaft in diesem Jahrhundert uns mehr und mehr in den Stand setzen, auch die entfernteren natürlichen Nachwirkungen wenigstens unserer gewöhnlichen Produktionshandlungen kennen und damit beherrschen zu lernen«. Die Hoffnung hat getrogen. Hundert Jahre nachdem sie geäußert wurde, zeigt sich der Gegensatz von Mensch und Natur, Geist und Materie, den Engels eine »widernatürliche Vorstellung« genannt hatte, bedrohlich verschärft. Die Verwüstung der Welt ist durch die neuen Erkenntnisse der Wissenschaft nicht aufgehalten, sondern beschleunigt worden; die Kunst des Bedenkens von Spätfolgen ist dagegen keineswegs gewachsen. Die Tatsache, daß auf einem Drittel der bewohnten Erde die natürlichen Grundlagen der Produktion – Boden und Rohstoffe – zum Volkseigentum erklärt wurden, hat nicht verhindert, daß Boden und Rohstoffe knapp werden und die Umwelt in unvorstellbarer Weise verwüstet und vergiftet wird.

Die faszinierende Idee vom Kreislauf

Die bis heute einflußreichen nationalökonomischen Theorien sehen den Wirtschaftsprozeß als eine Art Perpetuum mobile, das aus dem Nichts Werte schafft allein durch Arbeit, die wiederum dadurch möglich wird, daß die Natur dem Menschen die Lebensmittel liefert. Bis zum Beginn der Industrialisierung war diese Vorstellung auch nicht falsch. Den Wirtschaftsprozeß trieb allein die unversiegliche Sonnenenergie an. Die Herstellung von Produkten und die Ausbeutung der Bodenschätze geschahen im großen und ganzen nur durch Menschenkraft, allenfalls durch die von Tieren. Das gab der gewonnenen und bearbeiteten Materie hohen Wert. Sie war knapp, die Güter waren entsprechend langlebig, Recycling verstand sich von selbst. Die sich immer erneuernde Arbeitskraft prägte der weitgehend verlustfrei umlaufenden Materie immer neue Werte auf.

Die Menschen waren nach heutigen Vorstellungen arm. Ob sie während der Jäger- und Sammlerzeit, die den weitaus größten Teil der Menschheitsgeschichte ausmachte, Hunger als Dauerzustand erlebt haben, ist unter Anthropologen und Historikern umstritten. Ziemlich sicher ist, daß Jäger und Sammler bedeutend weniger Zeit zum Gewinnen ihres Lebensunterhalts aufwenden mußten als wir heute. Seit dem Beginn der Seßhaftigkeit und der Landwirtschaft vor etwa 10 000 Jahren stieg der für die Erhaltung des Lebens nötige Zeitaufwand ständig. Auch die ersten 200 Jahre des Industriezeitalters brachten eher noch eine Vermehrung der Arbeitszeit. Um 1850 war in englischen Fabriken die 60-Stunden-Woche selbstverständlich für Männer, Frauen und Kinder. Das Leben der allermeisten Menschen, die bisher über diesen Erdball gegangen sind, war kurz, von Krankheit und Schmerzen geplagt, und wahrscheinlich von viel Hunger begleitet.

Das änderte sich erst um die Wende zum 20. Jahrhundert in einigen westeuropäischen Ländern und den Vereinigten Staaten von Amerika. Das Maschinenzeitalter begann endlich Früchte auch für diejenigen zu tragen, die an den Maschinen standen. Bis dahin hatten die Arbeiter ihre Arbeitskraft zum sogenannten Naturalwert verkaufen müssen. Dieser garantierte lediglich ihr Existenzminimum, weil der Unternehmer seinen Arbeiter nicht durch den Hungertod verlieren wollte. Um die Jahrhundertwende aber wurde die Arbeitskraft so organisiert, daß sie zu einem Marktwert verkauft werden konnte, der über dem Naturalwert lag. Er wurde zum Teil in Geld, zum anderen Teil als Verkürzung der Arbeitszeit ausgezahlt. Ein gewaltiger technischer Fortschritt während der Mitte des 20. Jahrhunderts, der bis heute anhält, hat dann die ständigen Lohnsteigerungen und Arbeitszeitverkürzungen ermöglicht. Menschliche Arbeitskraft wurde entbehrlich gemacht durch energieumsetzende Maschinen. Die Produktion an Bedarfsgütern überstieg alsbald die natürliche Nachfrage, so daß mit Werbung nachgeholfen werden muß. Heute leben wir in einer Überflußgesellschaft, was kein Ökonom mehr bestreitet, selbst der nicht, der die menschlichen Bedürfnisse im Prinzip für niemals ganz befriedigt hält.

Am Beginn des Maschinenzeitalters stand eine Revolution des Denkens. Die Technikgeschichtler nennen den englischen Philosophen und Staatsmann Francis Bacon als den Auslöser. Als er 1626 starb, hinterließ er ein unvollendetes Werk, die *Instauratio magna*, in dessen mittlerem Teil, dem *Novum Organon*, er eine Methodenlehre für sichere Erkenntnis entwikkelte. In kritischer Auseinandersetzung mit der überkommenen herrschenden Philosophie wies er der Physik den Auftrag zu, die Wirkursachen in der Natur aufzufinden, nicht mehr nach Zweckursachen zu fragen, wie das die bisherige Naturphilosophie getan hatte. Naturerkenntnis beginne bei gewöhnlicher sinnlicher Erfahrung, schreite fort zu Verstandesprinzipien und habe zum Ziel den Machtgewinn des Menschen über die Natur. Zur sicheren Naturerkenntnis gelange der Mensch dadurch, daß er zuerst Irrtümer und Vorurteile ablege. Es läge in seiner Natur, daß er nach den Zwecken der Dinge frage und anthropomorph denke, daß er zu abstrakten Gedankenkonstruktionen neige, anstatt zu analysieren, was wirklich in den vor ihm liegenden Objekten sei. Wunschdenken regiere die Menschen, und die Sprache spiegele ihnen mit fertigen Begriffen Inhalte vor, die in den Dingen nicht wirklich enthalten seien. Schließlich führten die konstruierten Weltbilder der bisherigen rationalistischen Philosophie – Bacon nennt sie »Idola theatri« – eher von der Wahrheit weg als zu ihr hin. Gegen alle diese Irrtümer und Verführungen seien Experimente das zuverlässige Hilfsmittel und die Methode der Induktion. In einer ebenfalls unvollendeten Schrift, *Nova Atlantis,* hinterließ Bacon eine Utopie der künftigen, von Wissenschaft geprägten Welt, in der eine Gesellschaft, die durch Experimente zu gesicherter Wahrheit gelangt ist, über die Natur triumphiert.

Francis Bacon, der befahl, die Natur »auf die Folter zu spannen«, gilt zu Recht als der Begründer jener bis heute so außerordentlich erfolgreichen naturwissenschaftlichen Forschungsmethode, die »mit Hebeln und mit Schrauben« (so der spätere Kritiker Goethe) zu ihren heutigen ungeheueren Erfolgen aufgestiegen ist. Aber einflußreicher als Bacon war der eigentliche Begründer des mechanistischen Weltbildes, René Descartes. Er sah in der Mathematik die Sprache, mit der die Natur sich selbst erklärt; mit Mathematik ließen sich Zusammenhänge in quantitativer Weise erfassen. Die in den mathematischen Ideen erfaßten Gegenstände können nach Descartes, der den Zweifel in den Mittelpunkt seiner Philosophie gestellt hatte, nicht von der subjektiven Willkür des Denkenden erzeugt sein, schrieb er in der 5. Meditation seines Werkes *De prima philosophia* von 1641. Die Wirklichkeit der Dinge außerhalb des denkenden Selbstbewußtseins bestehe aus bewegter Materie in Raum und Zeit. Diese Dinge seien allein von Interesse. Die Bewegung sei von Gott geschaffen, befand Descartes, und Gott erhalte sie konstant. Zu den von Gott gegebenen Naturgesetzen gehörten auch die Bewegungsformeln, wonach Körper ihre Richtung beibehalten, solange keine andere Kraft auf sie einwirke, und daß beim Aufprall eines bewegten Körpers auf einen ruhenden der Impuls des bewegten vollständig auf den ruhenden übergehe.

Isaac Newton, der Dritte im Dreigestirn der Schöpfer des mechanischen Weltbildes, hat diesen Gesetzen später die endgültige Form gegeben. Sein Hauptwerk, die 1687 erschienenen *Philosophiae naturalis Principia mathematica* prägten das mathematisch-mechanische Weltbild der Aufklärungszeit. Die induktive Methode und das Experiment bildeten die Grundlage zu einem umfassenden System der Mechanik. Auch Newton verbannte, wie Francis Bacon und René Descartes vor ihm, die Hypothese aus der naturwissenschaftlichen Forschung. »Hypotheses non fingo«, lautete einer seiner berühmten Programmsätze. Dennoch kam er nicht ohne unbeweisbare Setzungen aus. So postulierte er, daß Raum und Zeit absolut seien. Auch die Bewegung sei eine absolute Erscheinung. Er formulierte die Axiome der Dynamik, das Trägheitsprinzip (Beharrungsgesetz), das Aktionsprinzip (Bewegungsgleichungen) und das Reaktionsprinzip (Wirkung = Gegenwirkung). Damit wurde Newton der Schöpfer eines Systems der theoretischen Mechanik, das seine uneingeschränkte Autorität bis in unser Jahrhundert behauptete. Erst die Arbeiten von Mach, Lorentz und besonders Einstein erbrachten den Beweis, daß Raum, Zeit und Bewegung nicht unter allen Umständen absolut, sondern in Abhängigkeit voneinander und in »relativistischen« Dimensionen veränderlich sind.

Was in der Bewegung von Körpern geschieht, war nunmehr mathematisch erfaßbar, das heißt, vorausberechenbar. Nach Kopernikus und Kepler war es Newton, der die Vorstellung vom Planetensystem als der perfekten Maschine vollendete. Die Bewegung der Himmelskörper verläuft ohne Reibungsverluste auf vorausberechenbaren Bahnen in definierbaren Räumen und Zeiten. Man sah reine Materie in reiner Bewegung. Wie viele große Geister suchte auch Isaac Newton nach einem Gottesbeweis. Er schien ihm dadurch erbracht, daß im Planetensystem Störungen nicht erkennbar seien, was auf den immerwährenden ordnenden Eingriff Gottes hinweise, der fortan auch als der »große Uhrmacher« bezeichnet wurde.

Newtons Weltmaschine wurde zum Abbild und Sinnbild alles Naturgeschehens. Man glaubte nun zu sehen, wie alles funktioniert, weil die Mathematik es quantitativ in Formeln faßte. Die Inspiration, die von diesem Gedanken ausging, war ungeheuer und hat das Maschinenzeitalter geprägt. Sie trägt bis heute. Die kreisförmige Bewegung, die Wiederkehr von arbeitleistenden kleinräumigen Prozessen durch niemals ermüdende Maschinen ist ein Leitbild der Moderne, hinter dem die Tatsache verschwindet, daß Maschinen nicht nur technisch überholt werden und veralten, sondern sich auch im gewöhnlichen Sinne verbrauchen. Nach einigen hunderttausend Kilometern Fahrleistung und nachdem er Zehntausende von Litern Benzin zu 10 Prozent ihres Energiegehaltes in mechanische Arbeit und zu 100 Prozent in Abwärme umgesetzt hat, versagt der Automotor schließlich seinen Dienst. Er steht nach Vollendung vieler großer Zyklen, die er zurückgelegt hat, wieder vor der Haustür, von wo aus er seinen Lebensweg antrat. So hat er zwar Kreise gezogen und seinem Besitzer gedient, aber zugleich hat er am entropischen Prozeß des Weltgeschehens mitgewirkt, der zielgerichtet verläuft und nicht umkehrbar ist. Der Motor wird durch Rückwärtsfahren nicht wieder neu, das verbrannte Benzin kehrt nicht in Tank und Tankstelle zurück.

Philosophen und Ökonomen sehen eine Lösung

Gegen die erhabene Ordnung der umlaufenden Gestirne stachen das Durcheinander auf Erden und die ewige Armut unvorteilhaft ab. John Locke, der Hauptvertreter der Philosophie der Erfahrung und leidenschaftliche Bekämpfer metaphysischer Spekulationen, veröffentlichte zwischen 1689 und 1695 einflußreiche Schriften über die Grundlagen des menschlichen Verstandes, über die Regierungskunst, über die Bedeutung niedriger Zinsen für den Geldwert und über Erziehung. Das stümperhafte Regiment der meisten Könige seiner Zeit und ihrer unfähigen, von veralteten Lehrmeinungen geleiteten Minister, die keine Ahnung vom Staatshaushalt und der Geldwirtschaft hatten, sondern nur Schulden zu machen wußten, veranlaßte ihn zu der Frage, wie der Staat sich besser organisieren lasse.

Die Himmelsmechanik schien das passende Beispiel zu sein. Sie funktionierte, weil dort kalkulierbare Kräfte herrschten. In der Gesellschaft sah John Locke nur eine einzige kalkulierbare Kraft am Werke, das eigene Interesse des Individuums. Der Staat, der von diesem Eigeninteresse ausginge, würde geradezu notwendigerweise funktionieren müssen. Seine einzige legitime Aufgabe bestehe deshalb darin, einen Rahmen zu schaffen und Rechtssicherheit zu garantieren, damit das Eigeninteresse sich entfalten könne ohne Furcht vor Räubern oder unverhofften Steuern, die den Ertrag des bürgerlichen oder bäuerlichen Gewerbefleißes gefährden könnten. Vor allem müsse der Staat alles unterlassen, was die vollständige Unterwerfung und Ausnutzung der Natur behindern könnte. Es sei der Auftrag des Menschen, sich von den Bindungen an die Natur zu befreien. Ein Stück Land brachliegen zu lassen, weil dort eine Vielfalt von Pflanzen und Tieren ihr Dasein finden, war für Locke geradezu frevelhaft. Nur menschliche Arbeit schaffe überhaupt Werte auf dieser Welt; 99 Prozent aller Werte entstünden durch Arbeit, der Anteil der Natur mache allenfalls 1 Prozent aus. Unbebautes Land sei gleich der Wüste. Im übrigen biete die Natur genügend Schätze und Werte für alle. Sie auszubeuten sei Pflicht, weil dadurch Wohlstand entstehe, und Wohlstand sei nötig für das friedliche Zusammenleben der Menschen.

John Locke starb 1704, die Verwirklichung seiner Ideen erreichte ihren Höhepunkt etwa 250 Jahre später, als der Ökonom Ludwig Erhard für die Bundesrepublik Deutschland die Parole »Wohlstand für alle« ausgab. Die Politik der sozialen Marktwirtschaft führte die Vertreter des Kapitals und die der Arbeit zu einem Bündnis zusammen. Man einigte sich auf einen sogenannten Sozialpakt, der die Schonung der gegenseitigen Interessen zum Inhalt hatte. Nicht mehr würden Kapitaleigentümer die Lohnabhängigen rücksichtslos ausbeuten, und nicht mehr würden Gewerkschaften ruinöse Forderungen stellen, die das Wirtschaftswachstum gefährden könnten. Gegenstand der Ausbeutung sollte hinfort – so die stillschweigende Übereinkunft – die Natur sein; technischer Fortschritt machte es möglich, ihr immer größere Leistungen abzupressen. Die Ausbeute, Jahr um Jahr steigend und als sogenanntes Wirtschaftswachstum deklariert, konnte verteilt werden unter der zum Dogma erhobenen Annahme, daß solches Wirtschaftswachstum nötig sei, um den sozialen Frieden zu garantieren. Was John Locke als theoretisches Konzept der Staatskunst und Wirtschaftspraxis entworfen hatte, wurde zu praktischer Politik mit dogmatischer Verhärtung. 40 Jahre später revoltiert die zum Opfer ausersehene Natur und entzieht sich der ständig gesteigerten Ausbeutung durch Verweigerung. Das Waldsterben ist das augenfälligste Symptom für die Überforderung eines lebendigen Systems.

So wie Gott als Uhrmacher den störungsfreien Umlauf der

Sterne sichert, so reguliert nach den Vorstellungen des Wirtschaftsliberalismus eine »unsichtbare Hand« das Wirtschaftsgeschehen auf Erden. Der Schotte Adam Smith erfand diese Hand und empfahl in seiner außerordentlich einflußreichen Schrift über *Die Art und die Ursache des Wohlstands der Nationen* (1776), das Wirken dieser Hand nicht zu stören. Auch der Wirtschaftsprozeß verlaufe nach einem Naturgesetz, das die Produktion der Güter, die Kapitalansammlung, die Arbeitsplätze und Rohstoffe in gegenseitiger Abhängigkeit und funktionierender Ordnung halte. Wohlstand für das gesamte Gemeinwesen werde am besten dadurch erreicht, daß ein jeder nach seinem eigenen Wohlstand strebe. Freier Wettbewerb und unbehinderter Handel seien dafür die Bedingung. Staatliches Eingreifen sei allenfalls dann gerechtfertigt, wenn es der Förderung des Wachstums diene.

Smith hatte beobachtet, daß die Wirtschaftslehren der Physiokraten und Merkantilisten, der das 18. Jahrhundert beherrschenden Theoretiker, ein Wachstum der Nationaleinkommen ebensowenig bewirkt hatten wie eine Verbesserung der Lebensumstände der Menschen. Hinfort sollte das theoretische wirtschaftliche Denken nicht mehr um die Frage kreisen, wie neue Steuerquellen zugunsten der fürstlichen Haushalte, der Armeen und Kriegskassen erschlossen werden könnten, sondern wie die Produktivkräfte eines jeden einzelnen Menschen dadurch geweckt werden könnten, daß man ihm möglichst viel vom Ertrag seiner Arbeit ließ. Auch Adam Smith, der 1790 starb, war überzeugt, daß allein Arbeit Werte schaffe. Ihn beschäftigte die Frage, wie man die Effektivität des Arbeitens für den gesamten Wirtschaftsprozeß steigern könne. So empfahl er die Arbeitsteilung, damit ein jeder nach seinen eigenen Gaben so effektiv wie möglich zum Nutzen des Ganzen handeln könne.

Alles in allem war Adam Smith ein ökonomischer Optimist. Er war überzeugt, daß die Wirtschaft sich ausdehnen werde und daß sich dadurch die Lebensumstände aller Menschen verbessern würden. Der Preis einer Ware setzte sich für ihn zusammen aus dem Arbeitslohn, dem Unternehmergewinn und der Grundrente. Die Natur als Produktionsfaktor spielte für ihn ebensowenig eine Rolle wie für John Locke. Adam Smith, der Stammvater einer ungeheuer entfalteten nationalökonomischen Denkschule, gilt bis heute als der Mann, der das »todsichere Rezept« für den ökonomischen Fortschritt gefunden hat: die liberale Wirtschaftsordnung, wo nicht der Staat gängelt, sondern wo durch freien Wettbewerb der nationale Wohlstand wächst. Daß davon die Kapitaleigentümer mehr haben würden als die Arbeiter, akzeptierte Smith als unvermeidlich. Doch war er überzeugt, daß wenn überhaupt etwas zu besseren Lebensbedingungen der arbeitenden Klassen beitragen könnte, dies ein regelmäßiges Wirtschaftswachstum sei, was einen Mangel an Arbeitskräften bewirken und also die Löhne auf Dauer über dem Existenzminimum stabilisieren müsse.

Es war schließlich der Engländer David Ricardo, der die Zusammenhänge zwischen Preis, Lohn, Zins und Gewinn in einer großen zusammenfassenden Systematik darstellte. Sein Buch *Über die Grundsätze der Volkswirtschaft und Steuergesetzgebung* erschien 1817. Ricardo stellte dort erstmals Betrachtungen darüber an, wie die neue Industrietätigkeit die herkömmliche, zum Teil noch aus mittelalterlichen Verhältnissen stammende Verteilung von Besitz und Arbeitsgewinn umstürzen würde. Angesichts des Bevölkerungszuwachses rückte bei ihm ein unvermehrbares Gut in den Mittelpunkt der Betrachtung, der nutzbare Ackerboden, auf dem die klassische Größe »Grundrente« erwirtschaftet wird. Ricardo war wie sein Zeitgenosse Malthus überzeugt, daß zwischen der Nahrungsproduktion und der Bevölkerungsentwicklung ein enger Zusammenhang bestehe. Ein wachsendes, industriell erzeugtes Kapital und das damit verbundene Ansteigen des Marktpreises von Arbeit über den natürlichen Preis würden die Bevölkerung wachsen lassen und damit auch die Nachfrage nach Nahrungsmitteln. Das fruchtbare Ackerland werde dadurch aber nicht vermehrt. Der Besitzer von Grund und Boden könne bei gleichbleibenden Erträgen für seine Agrarprodukte mehr verlangen. Der Wert ertragfähiger Böden steige. Das Industriekapital und seine Akkumulationen würden von der Verteuerung der Lebensmittel nicht betroffen, und so habe der Kapitalbesitzer einen relativ hohen Nutzen von der Ausdehnung der allgemeinen Produktion. Noch größer werde allerdings der Nutzen für den Besitzer von Grund und Boden, und dieses ohne jede zusätzliche Anstrengung des Eigentümers als eine bloße Folge des wirtschaftlichen Wachstums, das ein unvermehrbares Gut automatisch wertvoller mache.

Die Tatsache, daß es unvermehrbare Güter gibt, ist ein Ärgernis für die Wachstumsphilosophen in der Volkswirtschaftstheorie. Sie wirft einen Schatten auf den Fortschrittsoptimismus, der steigenden Wohlstand für alle verspricht, wenn nur die richtige Wirtschaftspolitik getrieben werde. Der Schatten wird länger, seit die Erkenntnis nicht mehr abzuweisen ist, daß Grund und Boden nicht nur nicht vermehrbar sind, sondern durch Ausbeutung entwertet werden. Sie unterliegen dem Gesetz von der Entropievermehrung. Hier ist es die Erosion, die Wertvolles in Wertloses verwandelt. Nur ein Teil der von Wind und Wasser weggetragenen Ackerkrume setzt sich an einer anderen Stelle der Erdoberfläche ab, um dort besonders ertragreichen Lößboden zu bilden. Der größere Teil schwimmt mit Flüssen davon oder wird vom Wind ins Meer geweht, wo er unwiederbringlich entschwindet. Land und Meer werden gleichermaßen flacher. Das ist ein natürlicher Prozeß der Entropievermehrung, doch intensive Landwirtschaft trägt zu seiner Beschleunigung bei. Die großen Staubstürme in den frühen dreißiger Jahren im Mittelwesten der Vereinigten Staaten, die Zehntausende von Farmern um ihre Existenz brachten, waren eine dramatische Lehre. Die gegenwärtige Tendenz, immer größere Ackerflächen industriell zu bearbeiten, spricht dafür, daß diese Lehre nach 50 Jahren vergessen worden ist.

Von der Vorstellung, der Wirtschaftsprozeß sei eine Art Perpetuum mobile, das Werte aus dem Nichts schaffen könne allein durch Arbeit, kann sich die wirtschaftswissenschaftliche Theorie nur schwer lösen: Zwar ist bekannt, daß es das Perpetuum mobile nicht geben kann; aber vielleicht gelte das nur im Bereich der Physik, vielleicht mache die Natur für die Ökonomie eine Ausnahme. Deshalb sind die Annäherungsversuche der Wirtschaftswissenschaftler an den Entropiesatz selten. Der britische Nationalökonom Alfred Marshall unternahm einen solchen Versuch in den zwanziger Jahren unseres Jahrhunderts inmitten der leidenschaftlichen Auseinandersetzungen über das Verhältnis von Arbeit und Kapital in ihren Kreislaufprozessen. Er erinnerte daran, daß die Welt eine Geschichte hat und sich unumkehrbar verändert. Der Wirtschaftsprozeß sei nicht der mechanischen, sondern der biologischen Bewegung ähnlich. Doch die Nationalökonomen mochten sich mit diesem Gedanken nicht anfreunden. Für sie kommen die wirtschaftlichen Schwierigkeiten aus Inflation, Arbeitslosigkeit, unberechenbar herumgeisternden Geldmengen, falscher Notenbankpolitik, zu hohen oder zu niedrigen Zinsen, aus monopolistischen Verhaltensweisen, politischen Störungen des Wachstumsprozesses, aus Terminhandel, Kapitalmangel oder psychologischer Deformation bei Produzenten und Konsumenten. Daß die Verarmung der Welt die Ursache unserer wirtschaftlichen Probleme sein könnte, ist den klassischen und neoklassischen Theoretikern, den Verfassern von Handbüchern, Essays, Formelsystemen und Zeitungsartikeln nicht einmal als Verdacht gekommen. Ohne Schwanken und Zweifeln verharrt das konventionelle Denken bei der beruhigenden Feststellung von der Unzerstörbarkeit der Materie und der Erhaltung der Energie, so daß man sich keine ernsthaften Sorgen darüber zu machen brauche, daß Materie, obwohl nicht zerstört, doch in der Zerstreuung entschwinden und damit unverfügbar werden könne. Und wo wirklich das Ende der Verfügbarkeit eines bestimmten Rohstoffes droht, tröstet sich der Ökonom jederzeit mit dem Gedanken, daß es dem Erfindergeist der Physiker, Chemiker und Ingenieure noch immer gelungen sei, Ersatz zu schaffen.

Im Frühjahr 1984 veranstaltete die Zeitschrift *Natur* eine kleine Umfrage bei einigen bekannten Wirtschaftspolitikern und einflußreichen Journalisten, was sie vom Entropiegesetz wüßten und hielten.

Die Antwort des damaligen Bundeswirtschaftsministers Otto Graf Lambsdorff: »Ich habe bisher nicht erkennen können, daß der Zweite Hauptsatz der Thermodynamik Einfluß auf das Denken von Graf Lambsdorff hat.«

Weniger stolz auf die Unbeweglichkeit des eigenen Denkens äußerte sich Renate Merklein, die Wirtschaftsredakteurin des *Spiegel*. Sie schaute im Lexikon nach, was es mit dem Zweiten Hauptsatz der Thermodynamik auf sich habe, fand aber den mitgeteilten Sachverhalt, wonach das Weltall dem sogenannten Wärmetod entgegenstrebe, für sie nicht bedrükkend; sie beschäftige sich damit nicht. Dagegen habe sie mit Interesse zur Kenntnis genommen, daß zur ersten und wertvollsten Energie »die Bewegungsenergie träger Körper« gehöre. »Solange es also auf der Welt noch genügend träge Körper gibt, die Bewegungsenergie entfalten, ist es nur eine Frage des Preises, sie auch dazu zu veranlassen. Und um diese Ecke herum hat die Thermodynamik auch Einfluß auf meine berufliche Denkwelt.«

Der damals in Hamburg arbeitende Wirtschaftsjournalist Paul C. Martin, der inzwischen Manager-Seminare und teure Kurse in Prognostik für Börsenspekulanten gibt, schrieb: »Als thermodynamischem Laien war mir der Zweite Hauptsatz dieser Wissenschaft nicht bekannt. Nachdem ich ihn studiert habe, stelle ich fest, daß er in der Nationalökonomie nicht gilt, wenn er nicht sogar durch die Nationalökonomie widerlegt wird. Die Nationalökonomie geht seit Quesnay, Marx und

Walras von der Annahme eines ökonomischen Kreislaufes aus, in dem niemals Energie, in unserem Fall: Kaufkraft, verlorengeht. Ganz einfach ausgedrückt: Alle Kosten werden stets in gleicher Höhe zu Einkommen. Oder anders: Das verfügbare Angebot kauft sich letztlich selbst.« Martin zitiert dann einen Gedanken des Nobelpreisträgers Friedrich August von Hayek, den dieser das »Gesetz der Katalaxie« genannt habe. Danach konkurrierten zum Beispiel Gewerkschaften und Unternehmen nicht um den gleichen Anteil am Sozialprodukt in dem Sinne, daß nur der eine oder der andere zum Zuge kommen könne (Lohnfonds versus Gewinnfonds). Im zeitlichen Ablauf einer freien, dynamischen Wirtschaft ergäben sich vielmehr zusätzliche Sozialproduktsteile, die verteilt werden könnten. (»Wenn Sie so wollen: zusätzliche Energie.«) Danach könnten also sowohl die Gewinne steigen wie auch die Löhne. Martins Schlußfolgerung: »Thermodynamik – nein, Katalaxie – ja.«

Armin Grünewald, der einstige Sprecher der Bundesregierung für Wirtschaftspolitik, antwortete, es handle sich bei der Thermodynamik um eine Theorie, und er habe von Theorien nie viel gehalten. Seine berufliche Denkweise sei von naturwissenschaftlichen Gesetzen wenig geprägt, sie seien ihm zu »mechanistisch, zu logisch«. Menschen handelten aber nur selten logisch, auch wenn sie es glaubten. Dann aber beschrieb Grünewald, welche Probleme ihn selbst beschäftigten: Die Frage, wie wir Menschen mit dem Auftrag umgingen, »macht euch die Erde untertan«. Oder wie wir mit anderen Menschen und Gruppen umgehen, die genausoviel Daseinsberechtigung haben wie wir selbst. Oder mit welcher Einstellung und mit welcher Zielsetzung wir uns um den Konsens von Mehrheiten bemühten, ob wir nämlich unbedingt recht behalten wollten oder faire Lösungen suchten. Schließlich die Frage, ob wir alles machen dürften, was wir können. Grünewald gab sich selbst die Antwort: »Keineswegs. Wir sind weder berechtigt, die Erde zu plündern, noch dazu legitimiert, die Seelen und Hirne unserer Mitmenschen zu okkupieren. Wir haben zu verantworten, was wir tun und was wir unterlassen.« Und in richtiger Einschätzung des Umstandes, daß er damit ein Handeln empfiehlt, das sich auch aus verantwortungsbewußter Nutzanwendung des erkannten Entropiegesetzes ergibt, fährt er fort: »Wenn ich damit ungewollt den Zweiten Hauptsatz der Thermodynamik gestreift haben sollte: sei's drum.« Im übrigen solle man nicht die Kreislauftheoretiker für die einzigen Nationalökonomen halten. Das tue dieser Wissenschaft mehr Abbruch, als sie verdiene.

Leo Brawand, Chef des *Manager-Magazins,* schrieb, er habe eine Weile nachgedacht, welchen Einfluß das Gesetz der Thermodynamik auf seine berufliche Denkwelt habe. Er berichtete, wie es ihn beunruhigt habe, als im Ruhrgebiet eine Zeche nach der anderen geschlossen und Ludwig Erhards Forderung, mindestens 120 Millionen Tonnen Kohle im Jahr zu fördern, nicht erfüllt wurde. Es sei ein unbehaglicher Gedanke gewesen, sich vorzustellen, daß das Öl, dieser Grundstoff, einmal ausbleiben und die Quellen versiegen könnten. Unverständlich sei ihm geblieben, daß nach dem heilsamen Schock der Ölkrise nicht sogleich andere Energiequellen erschlossen worden seien. Allerdings könne nur der Markt – und dies leider nur zum höheren Preis – die Hinwendung zu neuen Energien erzwingen. »Unsere Aufgabe muß es meines Erachtens sein, allen klarzumachen, daß damit ein Teil Wohlstand unwiederbringlich außer Landes geht.«

Die Antwort von Ferdinand Simoneit, dem Redaktionsdirektor von *Auto Motor und Sport*, war ähnlich lapidar wie die des Bundeswirtschaftsministers Graf Lambsdorff: »Über den Zweiten Hauptsatz der Thermodynamik und seine Bedeutung in der Nationalökonomie habe ich noch nicht nachgedacht.«

Das waren alles ehrliche Antworten. Sie zeugten entweder von absoluter Unkenntnis dessen, was Albert Einstein das große, alles überragende Weltgesetz genannt hat, oder aber von demonstrativem Desinteresse. Alles in allem bestätigten diese Antworten durchaus die Beobachtung von Nicholas Georgescu-Roegen, daß die Nationalökonomie von einem Gesetz, welches auch das menschliche Wirtschaften regiert, keine Kenntnis nehme.

Chancen und Grenzen des Recycling

Wer eine Getränkedose aus Aluminium wegwirft, verschleudert damit neben dem Material auch noch so viel Energie, als wäre die Büchse zur Hälfte mit Benzin gefüllt. Diese Verschwendung ist nur möglich, weil Aluminium mit Elektrizität aus Wasserkraft billig erschmolzen wird. Das geschieht in Norwegen mit verhältnismäßig wenig ökologischem Schaden. In südamerikanischen Ländern hat es die bekannten verheerenden Folgen: Riesige Flußtäler und Tropenwald werden überflutet, die dort lebende Bevölkerung wird ausgerottet oder vertrieben. Überdies strömen aus Aluminiumhütten giftige Gase und beträchtliche Mengen von Staub. Vernichtung von Tropenwald, Völkervertreibung und ökologische Belastung der Atmosphäre könnten weitgehend vermieden werden, wenn es gelänge, Aluminium stärker zu rezyklieren, als das zur Zeit geschieht. Nur etwa 30 Prozent des Aluminiumverbrauchs werden aus dem Recycling-Material gedeckt. Dabei wäre bei diesem Metall Recycling besonders effektiv. Aluminium aus Bauxit frisch zu erschmelzen, verbraucht zwanzigmal soviel Energie wie das Wiedereinschmelzen von rezykliertem Aluminium. Als die Energiepreise in den siebziger Jahren stiegen, verbesserte sich in den Vereinigten Staaten die Recycling-Rate von Aluminium-Getränkedosen zwischen 1972 und 1981 von 15 Prozent auf mehr als 50 Prozent. In der Bundesrepublik, die 1981 nach den Vereinigten Staaten den zweithöchsten Verbrauch von Aluminium pro Person hatte, werden 33 Prozent des Konsums aus Aluminium-Schrott erzeugt. Er wird in großen Mengen eingeführt. Der Grund ist, daß in einem Land, das über große Mengen billigen Stroms aus Wasserkraft nicht verfügt, die Energieersparnis aus rezykliertem Aluminium bedeutend zu Buche schlägt. In den Niederlanden, wo der Verbrauch pro Kopf nur halb so groß ist wie in der Bundesrepublik, werden 42 Prozent des Bedarfs aus Aluminium-Schrott gedeckt. Dort ist der Widerstand gegen Müllhalden größer, das Wegwerfen ist teurer, das Recycling entsprechend billiger.

Auch beim Recycling von Papier spielt die Enge eines Landes und die Dichte der Bevölkerung eine bedeutende Rolle. Die Wege, über die das Material aus der Zerstreuung wieder eingesammelt werden muß, sind kürzer und der lokale Widerstand gegen Abfalldeponien ist stärker. So beträgt die Recycling-Rate für Papier in Japan 45 Prozent, in den Niederlanden 43 Prozent, in der Bundesrepublik 35 Prozent, in Kanada aber nur 18 Prozent. Der Weltdurchschnitt liegt bei 24 Prozent. Zu diesen Unterschieden trägt freilich auch bei, daß Kanada ein holzreiches Land ist, während in den Niederlanden und in Japan Zellulose importiert werden muß. Die beste Recycling-Rate bei Papier hat allerdings Mexiko, wo es an sich an Deponieraum nicht fehlt. Hier wirken der Mangel an Holz und die Armut zusammen; das Sammeln von Lumpen und Papier in der althergebrachten Weise bietet Zehntausenden von Menschen einen bescheidenen Lebensunterhalt.

Im Jahre 2000 – so die Schätzungen des Worldwatch-Instituts in seinem *Paper 56* vom Oktober 1983 – wird die Hälfte der Weltholzernte für Papier verbraucht werden, aber nur 28 Prozent dieses Papiers werden dann rezykliert. Gelänge es, diesen Anteil zu vergrößern, würde sich die Holzentnahme aus den strapazierten Wäldern entsprechend vermindern lassen. Acht Millionen Hektar Wald müßten pro Jahr nicht abgeholzt werden, wenn es gelänge, die Hälfte des verbrauchten Papiers aus rezykliertem Material zu erzeugen, was technisch durchaus möglich wäre.

Gewaltig ist der Energieverbrauch der Stahlindustrie. Die Eisen- und Stahlproduktion der Welt konsumiert so viel Energie, wie Saudi-Arabien fördert. Vom Stahlverbrauch kommen zwischen 30 und 40 Prozent aus Schrott. Die Möglichkeit der Wiederverwendung von Altmaterial richtet sich nach der angewendeten Technik. Das Potential für Recycling in der Stahlindustrie ist noch beträchtlich, weil Schrott nur wenig mehr als Erz kostet und zu niedrigeren Kapitalkosten in Elektroöfen verarbeitet werden kann. Allerdings wird weltweit das Kostengefüge durch Subventionen verfälscht, was auch die Anstrengungen zu einem intensiveren Recycling bremst. Hinderlich sind überdies Exportbarrieren. Industrieländer haben ein Interesse daran, ihre Materialien im Lande zu halten. Aber gerade in Industrieländern ist oftmals das Recycling teurer als die Verwendung von frischem Rohstoff. Der Export von Schrott oder unsortiertem Abfall in Länder, wo die Bedingungen für die Wiederaufarbeitung besser sind, wäre weltwirtschaftlich durchaus sinnvoll.

Andererseits gibt es für manche Produkte der technischen Zivilisation wirksame Recycling-Methoden nur in dcn industriell fortgeschrittenen Ländern. So stellt ein Autowrack hohe Anforderungen an die Recycling-Technik. In ihm sind Dutzende von unterschiedlichen Materialien in Mischung vorhanden. Solange das Auto fuhr, stellte es ein Gebilde hoher Ordnung dar, repräsentierte also niedrige Entropie. Sobald es aber nicht mehr fährt, schlägt es sofort in ein System hoher Entropie um. Die in ihm vermischten Materialien nehmen den Zustand der Zerstreuung an, sind Entropie. Diesen Zustand rückgängig zu machen, also Entropie zu vertreiben, braucht neue freie Energie in Form von menschlicher Arbeitskraft, Maschinenleistung und Elektrizität.

Die Autoindustrie der Welt verbraucht mehr als die Hälfte der Weltproduktion an Gummi und Blei, ein Drittel der Produktion an Zinn, ein Fünftel der Stahlproduktion, ein Siebtel der Aluminiumerzeugung. Dazu kostet die Herstellung eines Mittelklassewagens 22 000 Kilowattstunden, was dem Energiegehalt von 2,5 Tonnen Steinkohle entspricht; da aber die veredelte Energie Strom nur unter Energieverlusten aus Kohle erzeugt werden kann und ein großer Teil der gesamten Energie, die hier in Kilowattstunden ausgedrückt ist, auch wirklich in Form elektrischer Energie verbraucht wird, ist der Steinkohlenbedarf (oder entsprechend der Öl- oder Uranbedarf) größer als nur 2,5 Tonnen. Diese Energie geht verloren, wenn das Auto nur stillgelegt oder zum Verrosten auf einer Waldschneise abgestellt wird. Sie kann zurückgewonnen werden, wenn durch Recycling das nächste Automobil aus den rezyklierten Altmaterialien gebaut wird. Allerdings geht ein großer Teil des Materials verloren. Von diesem Verlust ist nur ein Teil unvermeidlich und vom Vierten Hauptsatz vorgeschrieben, jener Teil nämlich, der aus Materialabrieb oder Rost oder sonstiger Korrosion besteht. Der größere Teil wird aus wirtschaftlichen Gründen aufgegeben; seine Wiedergewinnung würde so viel Aufwand an Arbeitskraft, Technik und Energie erfordern, daß die Verarbeitung von Rohmaterial billiger ist. Also bleiben die Materialien in Unordnung, in einem Zustand hoher Entropie zurück und gehen mit der Zeit – auf der Müllkippe – in die Gesamtentropie ein. Zurückgewonnen werden von einem Automobil an Stahl 90 Prozent, an Aluminium 85, an Kupfer 40, von den Reifen 25 Prozent, von den Kunststoffen gar nichts.

Die Verminderung der Materie-Entropie durch Recycling ist naturgesetzlich verbunden mit beträchtlicher Vermehrung der Energie-Entropie. Sie ist dennoch sinnvoll, weil die Materie-Entropie auf längere Sicht die gefährlichere Form der Entropie ist. Besonders wichtig ist das Recycling dort, wo sogenannte exotische Metalle wiedergewonnen werden müssen: Chrom, Vanadium, Nickel, Kobalt, Molybdän, Titan und so weiter. Sie machen Stahl rostfrei, elastisch oder hart für die unterschiedlichen Verwendungszwecke. Die Reichweite dieser Metalle ist begrenzt, sie muß durch Recycling verlängert werden, und entsprechende Techniken dafür wurden entwickelt. Allerdings ist nach Ansicht des Worldwatch-Instituts der Fortschritt auf diesem Gebiet zu gering: »Die Gesellschaft hat viel Energie verbraucht, um eine Fülle von Maschinen und Gebäuden herzustellen. Jetzt aber geht das Zeitalter der billigen Energie zu Ende, und während Inflation, Arbeitslosigkeit und Umweltverschmutzung zunehmen, wird es immer schwieriger, die materiellen Lebensbedingungen in den reichen Ländern aufrechtzuerhalten und die Grundbedürfnisse in den armen Ländern zu befriedigen. Durch Recycling kann viel von der aufgebrauchten Energie und dem im Material investierten Kapital zurückgewonnen werden. Auf diese Weise erhält Recycling Energie, vermindert die Umweltverschmutzung und die Inflation, schafft Arbeitsplätze und verlängert die Lebensdauer von Material.«

Dieses Konzept des Worldwatch-Instituts ist auf jeden Fall richtig. Doch die Praxis läßt zu wünschen übrig. »Trotz aller gemachten Fortschritte ist sie weltweit hinter dem zurückgeblieben, was durch Recycling möglich wäre. Nur etwa ein Viertel des Verbrauchs an Papier, Aluminium und Eisen werden zurückgewonnen, um rezykliert zu werden. Diese Rate könnte verdoppelt oder verdreifacht werden, und zwar für jedes Material. Aber dazu sind viele schwierige Schritte nötig, um das rezyklierbare Material auch wirklich zu sammeln und zusätzliche Märkte dafür zu erschließen.« Der erste Schritt muß nach Ansicht des Instituts darin bestehen, daß die Subvention von Energie aufhört. Nichts habe zur Steigerung der Recycling-Raten in den letzten 30 Jahren so viel beigetragen wie die Erhöhung der Energiepreise in den siebziger Jahren. Recycling verhindere, daß die bei der Gewinnung und Verarbeitung von Rohstoffen investierte Energie weggeworfen werde. Wenn diese Energie aber zu billig sei, werde das Recycling verhindert. »Den Energieverbrauch zu subventionieren, bedeutet die Wegwerfgesellschaft zu subventionieren.«

Der zweite Schritt müsse sein, die Recycling-Märkte für Papier, Aluminium, Eisen und Stahl zu liberalisieren. Der gemeinsame europäische Markt erschwere den Schrotthandel zwischen einem Mitgliedsland und einem Land außerhalb der EG. Dänemark, Schweden und Österreich verböten allen

Schrottexport generell, heißt es im *Paper 56*, die Vereinigten Staaten erwögen ihn immer wieder einmal. Länder, die daran dächten, ihre Stahlerzeugung zu modernisieren und Anlagen zu bauen, in denen Schrott mit hohem Wirkungsgrad rezykliert werden könne, würden das nicht tun, wenn sie sich nicht darauf verlassen könnten, daß sie diesen Schrott auch wirklich bekämen. Schließlich müsse die Sammlung von Abfällen drastisch verstärkt und entschlossen organisiert werden. In Ländern, wo eine Gesetzgebung das Aufstellen von Sammelbehältern befehle, sei zum Beispiel der Rückfluß von Getränkedosen dramatisch gestiegen. Wirtschaftliche Anreize, Unterrichtung des Publikums und die Drohung mit Strafen bei Zuwiderhandlung gegen Sammelgebote seien geeignete Instrumente, das Recycling anzuregen. Die Schlußfolgerung: »Das Recycling von Materie ist unumgänglich geworden, wenn die Industriegesellschaft auch nur ihren gegenwärtigen Lebensstandard aufrechterhalten will. Aber diese Notwendigkeit enthält auch die Chance, das materielle Wohlergehen der gesamten Weltbevölkerung zu verbessern, und dieses ohne allzu großen Schaden für die Umwelt. Darin liegt der große Nutzen des Recycling.«

Kein vernünftiger Ökologe oder Ökonom wird das bestreiten, und doch sind die Chancen, daß die Politiker sich zu den vom Worldwatch-Institut empfohlenen Maßnahmen durchringen, außerordentlich gering. Solange sich in heutigen Preisen für frische Rohstoffe nicht die Knappheit von morgen niederschlägt, solange also die Rohstoffe liefernden Länder keine Preispolitik treiben, sondern die Herrschaft dem Markt mit seinem Wechselspiel von Angebot und Nachfrage überlassen, werden die Industrieländer noch den kleinsten Kostenvorteil des frischen Rohstoffes ausnutzen, statt in Recycling-Techniken zu investieren, die sich erst später rentieren können. Rohstoff zu verarbeiten lohnt sich um so mehr, als bei der Verwendung von Rohstoffen nicht der volle Preis der industriellen Verarbeitung zu zahlen ist, sondern die Verbraucher einen Teil der Kosten abwälzen können – in Form von Umweltschäden. Die Belastung der Atmosphäre mit Energie-Entropie in Form von Abwärme, Staub, Giftgas und Kohlendioxyd schädigt die Biosphäre, doch dieser Schaden wird den Verursachern nicht zugerechnet. Dabei wäre gerade für die Vermeidung von Umweltschäden das Recycling besonders effektiv. 96 Prozent der Staub- und Giftgasemissionen, die beim Erschmelzen von Aluminium aus Bauxit entstehen, können vermieden werden, wenn dieselbe Menge Aluminium aus rezykliertem Material gewonnen wird. Nicht bei allen Materialien ist dieser Effekt so groß wie bei Aluminium, das aus diesem Grunde das klassische Beispiel der Befürworter von intensivem Recycling ist. Daß aber durch Recycling von jedwedem Material die Umwelt grundsätzlich entlastet wird, ist absolut sicher und auch für den Laien plausibel. Von dem, was seine Mülltonne enthält, endet dank Recycling nicht alles auf der Deponie, die möglicherweise sogar in seiner Nähe ist und ihn stört, sondern es wird in den Wirtschaftsprozeß zurückgeführt.

Recycling ist als Konzept richtig und als Aufgabe unumgänglich. Dennoch muß in jedem einzelnen Fall gut gerechnet werden. Der Zweite Hauptsatz der Thermodynamik verlangt seinen Tribut wie ein unerbittlicher Steuereinnehmer, der bei jedem Umsatz von Materie und Energie seinen Anteil fordert. Aber in dem Bereich, wo er Freiheit läßt, kann der Ökonom oder der Ingenieur wie ein Steuerberater das Beste aus dem Freiraum machen, damit die Entropievermehrung in der Umgebung den Recycling-Gewinn nicht mehr als nötig übertrifft. So wäre es zum Beispiel zu schematisch, zu sagen: Nicht erneuerbare Ressourcen müssen rezykliert werden, die erneuerbaren verdienen keine Schonung. Manche nicht erneuerbaren Rohstoffe lassen sich durch andere ersetzen, während zum Beispiel der Wald, eine erneuerbare Ressource, unentbehrlich ist und seine Erneuerung – was gern übersehen wird – sehr lange dauert. Wald ist aber für das Funktionieren der Natur und für unser unmittelbares Überleben unendlich viel wichtiger als manche High-Tech-Errungenschaft, für die ein exotisches und seltenes Metall gebraucht wird. Die wichtigste zu konservierende Ressource ist die Natur, ist der funktionierende Energiefluß durch die Biosphäre, der zehn- bis zwanzigmal größer ist als der zivilisatorische Energiefluß. Von ihm hängt die gesamte organische Produktion ab. Allein die Biosphäre ist in der Lage, zum Beispiel das im Übermaß freigesetzte Kohlendioxyd aus zivilisatorischen Verbrennungsvorgängen wieder zu reduzieren, den Kohlenstoff dauerhaft zu binden und damit dem Treibhauseffekt entgegenzuwirken. 93 Prozent des Gewichts eines großen Baumes sind aus dem Kohlenstoff entstanden, den die Pflanze während ihres Wachstums durch Photosynthese aus der Atmosphäre gezogen hat.

Wie wichtig es wäre, Wälder aufzubauen, statt sie abzuholzen, zeigt die Tatsache, daß der Anteil des Kohlendioxyds, der nach den Messungen aus Bohrkernen des arktischen Eises um 1750 noch 250 ppm (parts per million) betrug, bis 1987 auf 350 ppm angestiegen ist. In den letzten 160 000 Jahren war der CO_2-Anteil an der Atmosphäre nie so groß wie heute, und 300 ppm ist das Charakteristikum von Warmzeiten der Erdgeschichte. Das Kohlendioxyd trägt heute zu etwa 50 Prozent zum Treibhauseffekt bei, die andere Hälfte bewirken die Spurengase Methan (aus Wiederkäuermägen) und Fluorchlorkohlenwasserstoff FCKW (aus Spraydosen, Schaumstoffen, Kühlaggregaten etc.). Als Folge des Treibhauseffekts ist die mittlere Temperatur der Luft, gemessen über den ganzen Globus in 2 Meter Höhe, zwischen 1875 (Beginn der regelmäßigen Temperaturmessungen) und 1985 von 14,6 auf 15,4 Grad gestiegen. Der Meeresspiegel ist heute 20 Zentimeter höher als im Jahr 1900. Jedes Jahr werden 5 Milliarden Tonnen fossiler Kohlenstoff zu CO_2 verbrannt, 2 Milliarden Tonnen C werden durch Waldbrände frei und gehen in die Atmosphäre ein. Es ist nicht mehr als ein Signal, wenn die amerikanische Energieversorgungsgesellschaft Applied Energy Services als Kompensation für den Betrieb eines 180-Megawatt-Kohlekraftwerkes in Connecticut ein Aufforstungsprogramm in Guatemala finanziert – aber es ist ein richtiges Signal, und die Sache ist zur Nachahmung empfohlen. Das Kraftwerk soll 40 Jahre lang jährlich 387000 Tonnen CO_2 ausstoßen. Dafür werden auf Kosten der Firma von 40000 Farmern in Guatemala 52 Millionen Bäume gepflanzt, die pro Jahr 400000 Tonnen CO_2 binden sollen.

Im allgemeinen sind Metalle leichter rezyklierbar als andere Materialien, und die Einsparung von Energie bei der Verwendung von rezykliertem Kupfer aus Kupferblechen, Drähten oder Kabeln ist beträchtlich im Vergleich zum Energieverbrauch, wenn dieselbe Menge aus Kupfererz gewonnen wird. Aber nur etwa 30 Prozent des verarbeiteten Kupfers liegt in dieser ziemlich reinen und konzentrierten, also geordneten, entropiearmen Form vor, und die Transportwege beim Einsammeln sind verhältnismäßig kurz; die Organisation des Recycling ist also ohne allzu großen Energieaufwand zu schaffen. Weitere 30 Prozent jedoch sind weit verstreut, sind mit anderen Materialien in Aggregaten verbunden, können also nur mit großem Aufwand an Energie und Arbeitskraft herausgelöst werden, wenn sie nicht sogar in Legierungen mit anderen Metallen vermischt wurden, was ihre Rückgewinnung noch einmal energieaufwendiger macht. Die letzten 40 Prozent sind von vornherein zum Verbrauch bestimmt, für die Zerstreuung, auch wenn sie eine Zeitlang einen erwünschten Zweck erfüllen, zum Beispiel als Farbpigmente, als Schutzanstriche gegen Korrosion oder in chemischen Verbindungen. Sie enden dann weit verteilt als Verunreinigungen im Wasser oder im Boden.

Viele Stoffe haben fast nur Bedeutung als Materialien zur dissipativen Verwendung, so das Schwermetall Cadmium, das in Kunststoffen, Farbstoffen und galvanischen Beschichtungen verbraucht wird. Anfang der siebziger Jahre betrug der jährliche Verbrauch in den Vereinigten Staaten 6000 Tonnen, doch rezykliert wurden lediglich 300 Tonnen aus Batterien. Die Verfügbarkeit solcher Materialien endet unausweichlich mit der voraussehbaren Erschöpfung ihrer Lagerstätten. Allenfalls mit einem größeren Aufwand an Bergwerkstechnik und Energie wird es möglich, auch ärmere Erze auszubeuten und so die Verfügbarkeit zu verlängern. Das erfordert allerdings gesteigerten Energieaufwand.

Das Wachstum von Materie-Entropie und Energie-Entropie steigert sich gegenseitig wie in einem System der vollständigen Induktion. Die beiden sind in einem positiven Regelkreis miteinander verbunden. Die Wirkung wirkt verstärkend auf die Ursache zurück. Entscheidungskriterien für das Recycling sind deshalb die folgenden: Zweckmäßig sind alle Maßnahmen, die Kosten und Schäden vermindern, wobei zu den Marktkosten die Schäden im Sozialsystem und in der Natur hinzugerechnet werden müssen. Schäden im Sozialsystem können dadurch entstehen, daß giftige Materialien in die Umwelt gelangen, in die Nahrungskette eingehen und dann teure Heilmaßnahmen oder Renten bei geschädigten oder invaliden Menschen erfordern; Schäden in der Natur stellen sich dar als gemindertes Wachstum von Pflanzen, Absterben von Wäldern oder sonstige Störungen der Biosphäre, die sich als materieller Verlust auswirken. Ferner sind zweckmäßig Recycling-Maßnahmen, bei denen die Energiebilanz unter Einschluß aller Bereiche positiv ist. Wenn das Sortieren, Einsammeln, Reinigen und Wiedereinschmelzen von Material weniger Energie verbraucht als der Abbau im Bergwerk, der Transport zur Hütte, der Prozeß des Raffinierens und der Transport zum Weiterverarbeiter, dann ist für diesen betreffenden Stoff in einem bestimmten Gebiet Recycling sinnvoll.

Sechs Jahre nach der Studie des Worldwatch-Instituts hat das Recycling Fortschritte gemacht. Das Bewußtsein der Verbraucher in der Konsumgesellschaft wandelt sich, die Wiederverwertung von Materie wird wirtschaftlich interessanter, und die Technik der Entsorgung entwickelt sich stürmisch zu einer dynamischen Wachstumsindustrie. Allein in der Bundesrepublik setzte 1988 die »Sekundär-Rohstoffwirtschaft« mit 25 000 Beschäftigten 12,3 Milliarden Mark um. Jeder zweite Glasbehälter wird inzwischen aus gesammeltem Altglas hergestellt; die Recycling-Menge betrug 1,3 Millionen Tonnen, ist also nicht mehr weit vom Ziel entfernt, das vom Bundesumweltministerium vorgegeben wurde: 1,55 Millionen Tonnen. Warum ist das Ziel bei einer Glasproduktion von knapp 2,5 Millionen Tonnen so niedrig gesteckt? Weil die Recyclierung der Gesamtmenge soviel Kosten für das Einsammeln, Sortieren und Reinigen verursachen, das heißt aber: Energie verbrauchen würde, daß es billiger ist, 1 Million Tonnen aus Rohstoff zu erschmelzen.

Beim Altpapier erreichte das Recycling in der Bundesrepublik 1988 an die 50 Prozent. Damit sei, so wurde auf der Umweltmesse »Envitec '89« mitgeteilt, die Grenze der Wirtschaftlichkeit erreicht. Solle das Recycling weitergetrieben werden, müßten die Altpapierverursacher (Kommunen und Betriebe) einen Beitrag zu den Sammel- und Bearbeitungskosten leisten. Das könnten sie auch, weil ihnen teurer Deponieraum erhalten bleibe, der sonst mit Altpapier gefüllt werden müßte. Das Volumen wäre beträchtlich. Allein die Sammlungen aus den Haushalten brachten etwa 15 Millionen Kubikmeter Altpapier im Jahr 1988.

Stahl- und Eisenschrott wird bei uns fast vollständig zurückgewonnen. Doch steigt der Arbeits- und Energieaufwand rasch, weil die zwei Millionen Autowracks, die in der Bundesrepublik alljährlich in die Shredder-Anlagen kommen, immer mehr Entropie enthalten. Immer mehr Materialien sind in ihnen zunehmend dichter vermischt. Das heißt: So hoch die funktionale Ordnung – negative Entropie – des intakten Autos auch ist, sobald es außer Dienst gestellt wird, ist seine materielle Unordnung – Entropie – entsprechend groß. Ein Viertel des Gewichts eines Altwagens sind Stoffe, deren Trennung und Wiederverwendung bei gegenwärtigen Wirtschaftsbedingungen nicht möglich ist. Sie werden als Abfall deponiert für 70 Mark pro Tonne bei knapper werdendem Deponieraum. Die Deponiekosten haben sich seit 1980 verzehnfacht. Die Recycling-Wirtschaft appelliert an die Autoindustrie, beim Konstruieren und bei der Wahl von Materialien an das Abwracken zu denken. Das heißt unter anderem: weniger Kunststoffe zu verwenden. Damit würden die Autos allerdings wieder schwerer werden, also mehr Benzin oder Dieseltreibstoff brauchen. Außerdem möchte die Schrottwirtschaft die Autofirmen an den Deponiekosten beteiligen. Ob das gelingt, ist fraglich, weil die Folge wäre, daß diese Kosten auf den Autokäufer abgewälzt würden, der dann sein altes Auto länger behält, weil die Anschaffung des neuen wieder einmal etwas teurer geworden ist.

Vollkommen unbefriedigend ist die Situation bei Kunststoffen. Nur 6 Prozent beträgt die Recycling-Quote, und sie kommt nur aus sortenreinen Verarbeitungsresten. Die übrigen 94 Prozent der in der Bundesrepublik produzierten 9 Millionen Tonnen Kunststoffe enden – wenn nicht exportiert – auf Müllhalden als unbrauchbares Gemisch aus unverträglichen Kunststoffsorten oder an anderes Material gebunden. Nicht einmal Fachleute wären in der Lage, sie mit vertretbarem Aufwand zu unterscheiden und zu sortieren. So tragen sie wesentlich zu den 500 Kilogramm Hausmüll bei, die pro Kopf alljährlich in der Bundesrepublik anfallen.

Die Recycling-Probleme locken Unternehmer, Erfinder und Organisatoren an. Firmen für Anlagenbau spezialisieren sich auf die Abfallentsorgung für Kommunen. Nach ihren Rechnungen kostet die Entsorgung einer Tonne Hausmüll – erzeugt in einem Jahr von vier Personen – 180 Mark. Bei Chemieabfall sind es 500 Mark pro Tonne. Der Berliner Einzelhandel, die Stadtreinigungs-Betriebe und das Kunststoff-Technikum der Technischen Universität haben ein Experiment begonnen, das der Vermeidung von gemischtem Kunststoffabfall dienen soll. Behälter für Haushaltschemikalien, Farben, Essigflaschen und Lebensmittel werden vor dem Verkauf mit einem Aufkleber versehen, der dem Benutzer oder Käufer Auskunft über die Rezyklierbarkeit gibt. Die häufigsten Verpackungskunststoffe können dann bereits in den Haushalten sortiert und in den Recyclinghöfen der Stadtreinigung abgeliefert werden. In einer Versuchsanlage der Technischen Universität wird man sich mit dem Problem beschäftigen, wie Farbreste, Chemikalien und andere Verunreinigungen in dem Wiederaufbereitungsprozeß, der zu neuem Kunststoff führen soll, schadlos eingebaut werden können. Das Ziel ist ein Material, das es mit dem frischen Kunststoff aus Erdöl aufnehmen kann.

Zunehmend schwieriger wird die Wiederverwertung von Textilrohstoffen. Die Materialien sind wegen steigender modischer Ansprüche exotisch geworden und vielfach vermischt. Die Mode ist jene Lebensäußerung, die über das, was man Grundbedürfnisse nennt, am weitesten hinausgeht, absichtsvolle Abkehr vom Notwendigen hin zum Reizvollen, die gewaltsame Entwertung der Dinge durch willkürliche Änderung des Paradigmas. Es ist kein Zufall, daß die Mode Textilien bevorzugt, die der Wiederverwendung trotzen; bis in das Material hinein soll das, was jeweils ist, für überholt erklärt werden, damit Platz für das ganz Neue entsteht.

Das Entsorgungsgeschäft war viele Jahre hindurch eine Domäne von mittelständischen oder kleinen Firmen. Aber zunehmend engagieren sich kapitalkräftige Großunternehmen in diesem Bereich. Prognosen von Forschungsinstituten wekken das Interesse. So sagen sie eine Verdreifachung der Müllgebühren für private Haushalte in den Jahren bis 1995 voraus. Das Abfallgesetz schreibt die Rückgewinnung von Wertstoffen durch integrierte Entsorgungskonzepte vor. Der sich daraus ergebende Umsatz wird auf 10 bis 20 Milliarden Mark pro Jahr geschätzt. Die Wachstumsraten sind seit Jahren zweistellig. Doch das größte Problem ist der Mangel an Deponiekapazität. Hier zeigt sich die Wirkung des Entropiesatzes: Vollständiges Recycling ist unmöglich, ein mehr oder weniger großer Rest verschwindet aus der Nutzbarkeit und bereitet, weil er ja als Material nicht verschwindet, nicht verlorengeht, lästige Probleme.

Die Notwendigkeit, Recycling zu betreiben, ist nicht nur bei knappen Rohstoffen deutlich geworden. Auch die einstmals freien Güter – Wasser, Luft und Boden – werden von den natürlichen Kreisläufen der Biosphäre nicht mehr vollständig erfaßt. Teile davon scheren aus. Dann öffnet sich in der Stratosphäre ein Ozonloch, stirbt das Leben in einem flachen Küstenmeer ab, können auf einem ehemaligen Industriegelände keine Reihenhäuser gebaut werden, weil der Untergrund mit Phenol und Dioxin vergiftet ist. Nach 100 Jahren Industriegeschichte und nach 40 Jahren Verschwendungswirtschaft gerät die Industriezivilisation in die Krise, weil sie, wie ein kranker Organismus bei Nierenversagen, ihre Entropie nicht mehr abführen kann. So wird es zu einer Überlebensfrage, durch Einsatz von freier Energie die Entropie wieder zu verringern.

Das Programm heißt: Altlasten abtragen. Böden, Flüsse und Ozeane müssen wieder sauber werden, damit sie im Naturkreislauf ihre Funktion erfüllen können: das Einsammeln von negativer Entropie aus dem Sonnenlicht. »Das Bedürfnis, alte Industrieflächen von ihren Altlasten in Form von Boden- und Wasserverunreinigungen zu befreien, ist sprunghaft gestiegen«, steht in einem Bericht über die Fachmesse »Wasser Berlin« vom April 1989. Die Schätzungen, wie viele verseuchte ehemalige Industrieflächen in der Bundesrepublik und in West-Berlin saniert werden müssen, gehen weit auseinander. Es können 70 000 sein, aber auch nur 2500. Das Deutsche Institut für Urbanistik rechnet mit 42 000 Standorten, die so vergiftet sind, daß von ihnen Gefahren für die menschliche Gesundheit ausgehen. Entsprechend streuen auch die Schätzungen der Sanierungskosten zwischen 15 und 50 Milliarden

Mark. Die Verursacher müssen zahlen – wenn man sie noch finden kann und wenn sie noch Geld haben. Das ist oft nicht der Fall, so daß nach dem Gemeinlastprinzip finanziert werden muß, also auf Kosten des Steuerzahlers. Es trifft ihn nicht ganz unschuldig, denn die Altlasten von heute sind die Folgen des billigen Konsums von gestern. Man »externalisierte« Produktionskosten, indem man Abfälle nicht rezyklierte oder ordnungsgemäß beseitigte, sondern in die Natur warf. Das machte die Produkte billig; späteren Generationen wurde es aufgebürdet, die fälligen Nachzahlungen zu leisten. Die Beschleunigung aller Wirtschaftsvorgänge durch Wachstumspolitik in der zweiten Hälfte des 20. Jahrhunderts hat es mit sich gebracht, daß wir Heutigen nicht nur die Hypothek der Altlasten aus der frühen Industrialisierung abtragen müssen, sondern auch noch Schulden tilgen müssen, die wir selbst gemacht haben. Mehr als die Hälfte der Altlasten stammen aus den Jahren des Wirtschaftswunders nach dem Zweiten Weltkrieg. Das Wunder war kein Wunder, sondern eine große Anleihe bei der Umwelt. Sie muß jetzt zurückgezahlt werden. In der Bundesrepublik werden zur Zeit pro Jahr 20 Milliarden Mark für nachträgliche Reinigung ausgegeben, 1 Prozent vom Bruttosozialprodukt.

Das Reinigen von Böden und Gewässern ist als technisches Problem vom Recycling verschieden, aber als Aufgabe unter den Gesetzen der Thermodynamik ist es dem Recycling ähnlich. Geht es beim Recycling darum, Wertstoffe vor dem Verschwinden in die Unverfügbarkeit zu bewahren und in den Materiekreislauf der Wirtschaft zurückzuführen, so dient Reinigen dem Ziel, die in den Naturkreislauf entwichenen Abfallstoffe und Gifte wieder zurückzuholen zu sicherer Verwahrung. Beide Prozesse brauchen Energie, und zwar um so mehr, je weiter die zu rezyklierende Materie verstreut ist und je geringer die Konzentration des Abfalls und des Giftes in einem bestimmten zu reinigenden Raum ist, je stärker die herauszufilternden Stoffe im betreffenden Medium verdünnt sind. Das ist in den meisten Fällen Abwasser. In unserer gegenwärtigen Entsorgungspraxis werden Haushaltsabwässer und Industrieabwässer vielfach noch zusammengemischt, bevor sie in die gemeinsame Kläranlage von Industrien und Kommunen kommen. In diesen gemischten Abwässern sind die Verunreinigungen meist stark verdünnt. Entsprechend groß ist der Aufwand für ihre Beseitigung. Er steigt exponentiell mit dem Grad der Verdünnung. So lassen sich die ersten 50 Prozent von Schwermetallen oder Phosphaten aus dem Abwasser mit verhältnismäßig geringem Aufwand an Technik und Energie entfernen. Die nächsten 30 Prozent auch noch herauszureinigen, erfordert schon einen dreifachen, weitere 15 Prozent abzusondern den neunfachen Aufwand. Für die nächsten 4 Prozent wird er unerschwinglich hoch, das letzte Prozent ist praktisch unerreichbar. Hier wirkt der Dritte Hauptsatz, das Nernstsche Theorem. Daß irgendwo 100 Prozent erreicht werden, gibt es nur in der Mathematik und in der theoretischen Ökonomie, von der Natur ist es nicht vorgesehen. So ist der rechnerisch ermittelte absolute Nullpunkt durch keine noch so aufwendige Versuchsanordnung zu erreichen.

Ein einfacheres Abbild dieses Naturgesetzes kennt jede Hausfrau. Wenn eine Tüte mit Erbsen auf den Fußboden gefallen und aufgeplatzt ist, lassen sich 50 Prozent schnell wieder aufheben, indem sie einfach aus dem Zentrum der Zerstreuung mit zwei Händen geschöpft werden. Die nächsten 30 Prozent liegen im Umkreis von einem halben Meter, doch je weiter man sich vom Auftreffort beim Einsammeln entfernt, um so öfter muß man sich bücken, um so geringer wird die Ausbeute. Zum Schluß fehlen drei Erbsen von der ursprünglichen Menge. Zwei davon kommen vielleicht beim Osterputz zum Vorschein, die dritte bleibt für immer verschwunden.

Alles Recycling vermindert oder vermehrt nicht die beteiligte Materie. Sie ist nach dem Ersten Hauptsatz unzerstörbar, aber nach dem Zweiten Hauptsatz verliert sie an Verfügbarkeit. Die Quantität ist unveränderlich, die Qualität sinkt. Abgesehen davon, daß schon beim ersten Recycling von einer gegebenen Menge Kupfer, Zink, Eisen oder was immer es sei aus wirtschaftlichen und technischen Gründen nur ein Bruchteil zurückgewonnen wird, vermindert jeder weitere Recyclingprozeß die in der ersten Runde rezyklierte Menge. Im Laufe der Zeit endet alles in Unordnung und Zerstreuung. Bei der Zerstreuung ist der Mensch nicht der aktiv Handelnde; sie geschieht gegen seinen Willen, indem Maschinen sich verbrauchen, Bauwerke der Erosion unterliegen oder Metallstrukturen verrosten. Das Symbol der Unordnung ist die Müllhalde, zu deren hoher Entropie der wegwerfende Mensch freiwillig oder gezwungen, jedenfalls aber aktiv handelnd beiträgt. Recycling ist sinnvoll und nützlich, wenn es nicht nur der Demonstration des guten Willens dient, sondern jede einzelne Handlung wohlüberlegt geschieht im Hinblick auf die Energiebilanz. Wer Recycling als Rezept gegen künftige Energieverknappung und gegenwärtigen Müllnotstand empfiehlt, sollte nie so weit gehen, es ein Allheilmittel zu nennen. Das Gesetz von der unvermeidlichen Vermehrung der Entropie steht gegen eine solche Hoffnung.

»Trotz großer Anstrengungen bei Vermeiden, Vermindern und Verwerten von Abfällen stehen wir vor dem Problem, daß anscheinend der Müll immer mehr zunimmt; ein Problem der Gesamtwirtschaft, nicht nur der chemischen Industrie«, sagte Wolfgang Hilger, Präsidiumsmitglied des Verbandes der Chemischen Industrie, und er führte das darauf zurück, daß erhöhte Anforderungen an die Reinigung von Luft und Wasser sowie die Altlastensanierung zu mehr Abfall führten. Das ist richtig. Was bisher dem Wind und dem Fluß übergeben wurde, muß jetzt zurückgehalten werden, aber das ist nicht der einzige Grund dafür, daß der Müll »anscheinend« immer mehr zunimmt. Er nimmt wirklich zu, weil neben unerwünschten Produkten nach dem Zweiten Hauptsatz immer ein

Vielfaches an Unerwünschtem entsteht, in der Chemie das Fünffache. Eine Verdoppelung der Produktion führt also zur Verzehnfachung des Abfalls, und wenn der nicht mehr in die Umwelt abgelassen werden darf, steht man in der Tat vor einem Problem.

Eine Kontroverse

Warum soll man vom Tod sprechen, wo er doch gewiß ist? Über unangenehme Dinge schweigt man am besten, vor allem, wenn sie unabänderlich sind. Die Debatte über das Entropiegesetz als tiefste Ursache aller unserer ökonomischen, ökologischen und technischen Sorgen ist aus diesem Grunde nicht in Gang gekommen. Sie blieb auf einen verhältnismäßig kleinen Kreis hauptsächlich amerikanischer, britischer und Schweizer Wissenschaftler beschränkt. Angeregt durch Georgescu-Roegens Arbeiten, hat Jeremy Rifkin zusammen mit Ted Howard 1980 die Spuren der Wirksamkeit des Entropiegesetzes auch in solchen Lebensbereichen verfolgt, die mit Physik und Ökonomie nichts zu tun haben. Er nannte den Zweiten Hauptsatz das alles beherrschende Naturgesetz, welches jede unserer Handlungen regiert. Der Buchtitel *Entropy – A New World View* drückt Rifkins Überzeugung aus: Das von Descartes und Newton geprägte Weltbild aus Kreisläufen und Mechanik wird schon bald abgelöst durch das neue Weltbild, das unter dem Generalbegriff »Entropie« den gerichteten Weltverlauf zeigt. Die deutsche Übersetzung des Buches, 1982 in Hamburg erschienen, hatte dann auch den Titel *Entropie – ein neues Weltbild*.

Insgesamt faszinierend und scharfsinnig, erregte das Buch schnell große Zustimmung; wegen einiger allzu kühner Vorstöße mit dem Entropieprinzip in Bereiche, wo seine Anwendung wenig plausibel ist, weckte es auch Kritik. So wollte Rifkin in bestimmten Mißständen in der staatlichen Verwaltung, im Militärwesen, in der Entwicklung von Technik und Bildungseinrichtungen die Auswirkungen des Zweiten thermodynamischen Hauptsatzes erkennen, doch ging das nicht ohne Gewaltsamkeit.

Die Ausbreitung des Entropiedenkens in die verschiedensten wissenschaftlichen Disziplinen hatte freilich schon vor Rifkin begonnen. Im Nachwort zu dessen Buch schrieb Georgescu-Roegen: »Wegen der geheimnisvollen Art, in der das Entropiegesetz gewöhnlich formuliert wird, und weil der große Physiker A. S. Eddington es als das oberste Gesetz der Natur gepriesen hat, entwickelte es eine außerordentlich starke Anziehungskraft. Das Entropiekonzept wurde deshalb in nahezu alle Wissensgebiete transplantiert: Kommunikationstheorie, Biologie, Wirtschaft, Soziologie, Psychologie, politische Wissenschaft und sogar in die Kunst. Schuld an diesem Aufstoßen der Tür zu allen möglichen Mutationen ist Claude Shannon. In seinem wegweisenden Beitrag aus dem Jahre 1948 stellte er fest, daß die durchschnittliche Anzahl von Informationen pro Signal in einem sprachlichen Code sich mit derselben algebraischen Formel beschreiben läßt, wie sie Boltzmann für die Entropie gefunden hatte. Shannon sprach von diesem Durchschnitt als der ›Entropie der Information‹. Das Beispiel fand in allen möglichen Wissensgebieten Nachahmung und führte zu absurden Entdeckungen. Shannon hat 1956 eingeräumt, daß dieser Trend zu einer Aufblähung des Begriffs der Informationsentropie geführt habe; ihm sei weit über seine wirkliche Tragweite hinaus Bedeutung zugeschrieben worden.«

Aber nicht die kritiklose Nutzanwendung auf alle möglichen Erscheinungsformen in den unterschiedlichsten Lebensbereichen und wissenschaftlichen Disziplinen wurde zum Hauptärgernis, sondern der Anspruch, das Entropiegesetz gelte immer und überall. Schon Hermann von Helmholtz hatte sich mit der Frage beschäftigt, ob der Grundsatz, daß man unverfügbar gewordene Energie nicht wieder in verfügbare zurückverwandeln könne, auch für lebende organische Systeme gelte. Für die Vertreter der philosophischen Schule des Vitalismus und Neovitalismus ist die Allgemeingültigkeit des Entropiegesetzes durch die Tatsache widerlegt, daß in der Biosphäre aus ungeordnetem Material geordnete Strukturen entstehen, die über längere Zeiträume hinweg ganz offensichtlich dem Zerfall trotzen und in der Lage sind, sich selbst zu vervollkommnen. Zeigt nicht die immer schaffende Evolution, daß die Natur komplizierte Ordnung aufbaut und energiereiche Lebensformen erzeugt, wo doch das Entropiegesetz befiehlt, daß durch jeden Energieumsatz die Flut der nicht mehr nutzbaren unkonzentrierten Energie – eben die Entropie – steigt, daß aus Ordnung Unordnung wird? Wie kann etwas ein Weltgesetz sein, das im Bereich der Biosphäre offensichtlich nicht gilt? Konrad Lorenz hat 1935 eine emotionale Regung als den Anstoß zum vitalistischen Denken erkennen wollen: »Krankheit, Verfall und Tod erregen schon bei niedrigen Tieren und Pflanzen unseren Abscheu, ja selbst im Anorganischen bringen wir den Auswirkungen des Entropie-Satzes ein gewisses gefühlsmäßiges Widerstreben entgegen.«

Intensiv hat sich zu Beginn der achtziger Jahre Edward Goldsmith, der Herausgeber der englischen Zeitschrift *The Ecologist,* mit Rifkin auseinandergesetzt. Zwar stimmte er mit ihm in wesentlichen Ansichten und Schlüssen, die aus dem Entropiegesetz für unsere Lebensführung zu ziehen seien, durchaus überein, für die Biosphäre aber will er den Zweiten Hauptsatz nicht gelten lassen. Der Jubel über Rifkins Buch sei groß gewesen, schrieb Goldsmith in seinem Aufsatz *Thermodynamics or Ecodynamics?* in der Zeitschrift *The Ecologist* (Nr. 4 von 1981). Das Buch habe man einen Wendepunkt in der Erforschung der Menschheitskrise genannt. Rufus Miles von der Princeton-Universität habe Rifkin gar mit Kopernikus und Darwin verglichen. Aber er – Goldsmith – sei da anderer Meinung. Daß das Entropieprinzip zur Erklärung von Prozessen im Wirtschaftsleben herangezogen werde, findet Goldsmith durchaus richtig; er habe in seiner Zeitschrift auch die Gedanken von Georgescu-Roegen immer veröffentlicht. Dieses sei aber nicht geschehen, »weil wir besondere Freunde des Entropiegedankens wären«, sondern nur, weil die von den Nationalökonomen aufgestellten Gesetze zu eng seien. Über die Ökonomie hinaus möchte Goldsmith aber die Sache nicht hinausgetrieben sehen. Er schreibt: »Es wäre durchaus akzeptabel, wenn man das Entropiegesetz ausschließlich im Bereich der Thermodynamik anwenden würde. Ärgerlicherweise hat man seine Anwendung aber auf Verhaltensbereiche ausgedehnt, die von der Thermodynamik weit entfernt sind. Mit dem Entropiegesetz geschah, was mit so vielen anderen naturwissenschaftlichen Theorien geschah. Es wurde Gegenstand eines Kults und mußte als Schlüssel herhalten, mit dem man die Geheimnisse des Universums zu entschlüsseln hoffte.«

Goldsmith, ein leidenschaftlicher Kritiker des wissenschaftlichen Fortschrittsoptimismus, scheint hier durch seine eigene Argumentation zu bestätigen, was Konrad Lorenz vermutete: Gegen den Entropiegedanken gibt es Widerstand aus emotionalen Gründen. Zum Beweis dafür, daß der Entropiesatz in der belebten Natur nicht gelte, zitiert Goldsmith Arthur Koestler: »Das 2. Gesetz trifft nur im speziellen Fall eines sogenannten ›geschlossenen Systems‹ zu, etwa im Fall eines Gases in einem ideal isolierten Behälter. Aber derartige geschlossene Systeme gibt es nicht einmal in der unbelebten Natur – und ob das Universum als Ganzes ein geschlossenes System in diesem Sinne ist, darüber kann jeder beliebig spekulieren. Alle lebenden Organismen sind jedenfalls ›offene Systeme‹, was bedeutet, daß sie ihre komplexen Formen und Funktionen durch ständigen Austausch von Energie und Materie mit ihrer Umwelt aufrechterhalten.« In diesem Zitat wird deutlich, ohne daß allerdings Goldsmith es zur Kenntnis nimmt, wie Vitalisten und Entropisten – wenn man die streitenden Parteien so nennen soll – aneinander vorbeireden. Selbstverständlich ist die Biosphäre ein offenes System, durch das Materie und Energie hindurchströmen, ein Strom, der vom Fluß der Sonnenenergie angetrieben wird. Das beweist aber nichts gegen die Gültigkeit des Zweiten Hauptsatzes, der ja nur behauptet, daß die Entropieabnahme in einem bestimmten Bereich stets mit Entropiezunahme in der Umgebung verbunden ist. Diese Entropiezunahme findet auf der Sonne statt, wo Wasserstoffkerne zu Heliumkernen verschmolzen werden. Von der gewaltigen abgestrahlten Energie der Sonne trifft ein winziger Bruchteil auf die Erdoberfläche, wo die Strahlungsleistung 1,39 Kilowatt pro Quadratmeter beträgt. Dieser konstante Zustrom von Energie treibt alle natürlichen Kreisläufe und den Aufbau komplexerer Strukturen an, ermöglicht also Evolution. Wenn dieser Strom einmal versiegt, wird die Erde zum geschlossenen System und für sie gilt dann, daß die Entropie – weil keine freie Energie mehr einströmt – immer größer wird. Mit anderen Worten: Das Leben hört auf, seine Strukturen zerfallen.

Für den Vitalismus ist es nicht die Zufuhr von Sonnenenergie, die das Leben antreibt, sondern eine »vis vitalis«, eine Art Lebensprinzip, das die Gültigkeit des Zweiten Hauptsatzes für die irdische Biosphäre angeblich ausschließe. Früher habe man, schreibt Goldsmith, diese Eigenschaft des Lebendigen für etwas Übernatürliches gehalten, heute aber verdamme man solche Ansichten vor allem deshalb, weil sie dem Anspruch der Physiker widersprächen, die Welt ausschließlich physikalisch erklären zu können. ». . . und das können unsere Physiker, die ihre herrschende Rolle in den Naturwissenschaften, ja in der gesamten Wissenschaft behalten wollen, verständlicherweise nicht annehmen.« Zu Georgescu-Roegens Viertem Hauptsatz meint Goldsmith, er sei scheinbar etwas besser begründet, weil in bezug auf die Materie die Erde wirklich ein geschlossenes System sei, womit die Materie-Entropie ständig größer werde. »Aber auch dieses Hindernis können lebende Systeme überwinden, indem sie die Möglichkeit entwickelt haben, die von ihnen benötigten Stoffe zurückzugewinnen. Die Biosphäre baut systematisch den Vorrat an Stoffen auf, die sie braucht, um Komplexität, Vielfalt und Stabilität zu vermehren.« Goldsmith spricht hier für viele, die mit dieser zweifellos richtigen Beobachtung die Gültigkeit des Zweiten Hauptsatzes für die Biosphäre bestreiten wollen. Sie verkennen jedoch, daß es sich bei dieser Sammeltätigkeit um enge Kreisläufe handelt, wie man sie etwa im tropischen Regenwald antrifft. Auch sie müssen allerdings von Sonnenenergie angetrieben werden.

Die Erschließung von Ressourcen, die in der Biosphäre zum Aufbau von Strukturen gebraucht werden, aus der tieferliegenden Lithosphäre geschieht aber durch einen sehr langsamen »endogenen Kreislauf«. Die Energie dafür stammt aus der Bildungsphase unseres Planeten und aus Erdwärme, die durch den ständigen radioaktiven Zerfall im Erdinneren entsteht. Da diese Energie nicht für alle Zeiten strömen kann, wird auch dieser endogene Stoffkreislauf nicht ewig andauern. Damit versiegt der Zustrom von nutzbaren Materialien aus der Lithosphäre in die Biosphäre, die dann Mangel leidet. Die Erdoberfläche, ihrer Pflanzendecke beraubt, wird dann der Wind- und Wassererosion ungeschützt ausgeliefert sein. Die Erde würde ein von Wasser bedeckter Planet ohne Reliefunterschiede. Nur über dem Wasser gäbe es noch einen kurzen Kreislauf aus Verdunstung und Niederschlag. Die Geowissenschaften beginnen erst langsam, diese Zusammenhänge zu erforschen, die seit über 4 Milliarden Jahren ein Fließgleichgewicht zwischen dem endogenen und dem von der Sonne angetriebenen exogenen Stoffkreislauf herstellen.

Rifkin hat den Einwänden des Vitalismus in seiner Einleitung vorgebaut: »Dann sind da natürlich noch jene, die sich hartnäckig weigern zu akzeptieren, daß die gesamte physische Realität sich nach dem Entropiegesetz richtet. Sie werden darauf bestehen, daß der Entropieprozeß nur für besondere Fälle gilt und jeder Versuch, ihn im weiteren Rahmen auf die Gesellschaft zu übertragen, einen Mißbrauch des Modells darstellt. Doch sie irren. Die Gesetze der Thermodynamik bilden den alles umspannenden wissenschaftlichen Rahmen für jegliche physikalische Aktivität in der Welt. Mit den Worten des Nobelpreisträgers der Chemie, Frederick Soddy, ›kontrollieren die Gesetze der Thermodynamik in letzter Instanz den

Aufstieg und Fall politischer Systeme, die Freiheit oder die Versklavung von Nationen, die Unternehmungen von Handel und Industrie, den Ursprung von Reichtum und Armut und das allgemeine Wohlergehen der Völker‹. Es sollte betont werden, daß das Entropiegesetz ausschließlich die physische Welt betrifft. Es ist ein Gesetz, das Raum und Zeit beherrscht, aber es verstummt, wenn es um geistige Transzendenz geht.«

Weitgehend einig sind Goldsmith und Rifkin gegen die Vorherrschaft des mechanistischen Weltbildes, das uns zu der Illusion verführt habe, Probleme ließen sich mit Technik lösen, die Welt würde damit in bessere Ordnung gebracht, es gehe irgendwie aufwärts. Rifkin verdeutlicht an vielen Beispielen und auf vielen Gebieten, wie das Entropieprinzip wirkt, indem jede technische Lösung eines Problems ein noch unbekanntes neues Problem schafft, wie der Energiefluß im Gesamtsystem ständig reißender wird, dabei aber jede neue Energietechnik teurer ist als die vorangegangene. Goldsmith klagt Rifkin an, das menschliche Handeln durch Technik als Fortsetzung der Evolution zu betrachten; das sei der große Irrtum. Doch diese Frage interessiert Rifkin in seinem Buch gar nicht so sehr. Er hält sie offenbar für erledigt. Überzeugt von der Unumgänglichkeit des Entropiegesetzes auf allen Lebensgebieten, fragt er nur, wie es mit der Technik weitergehen könnte, wie sie beschaffen sein müßte, wenn sie die Entropievermehrung verlangsamen soll. Von der Natur und ihren sparsamen Kreisläufen zu lernen, empfiehlt er nicht ausdrücklich. Er verspricht sich mehr von einer neuen Wirtschaftsethik, vom Ende der Verschwendung, vom Abbau energieverschlingender Technik. Dabei warnt er vor der Illusion, mit Solartechnik ließe sich auf die Dauer das Energieproblem lösen. Auch wenn die Sonne nach irdischen Maßstäben unerschöpflich sei, setze doch die Materie-Entropie der Solartechnik Grenzen.

Rifkin handelt vom menschlichen Wirtschaften, Goldsmith

vom Haushalten der Natur, das er als Beispiel dafür propagiert, wie man dem Zweiten Hauptsatz ein Schnippchen schlägt. So redet Goldsmith über weite Strecken seiner Kritik an Rifkin vorbei. Seine Hauptsätze der Ökodynamik, die er denen der Thermodynamik entgegenhält, werden diese gewiß nicht verdrängen, auch wenn sie noch einmal präzise formuliert werden sollten. Sie widerlegen das Entropiegesetz nicht, wohl aber regen sie zum Nachdenken an über die Biosphäre, das einzige bisher auf Erden entfaltete System, das aus der wachsenden Unordnung der kosmischen Entropievermehrung Gewinn zieht, indem es eine Insel der Ordnung auf Erden schafft und einen Vorrat von chemisch gebundener Energie angesammelt hat, den menschliches Wirtschaften mit Hilfe von Technik nun immer rascher in Entropie umwandelt. Daß es eine Technik geben kann, welche die Natur bei ihrer Energiesammelleistung übertrifft, ist – legt man die Energiebilanz gründlich an – unwahrscheinlich. Schließlich hat die Natur vier Milliarden Jahre Zeit gehabt, ihre »technischen« Lösungen auszuprobieren, und der Gang des Lebens durch die Geschichte ist eine lange Kette von mißlungenen Versuchen. Was wir heute als lebendige Natur erleben, sind die wenigen erfolgreichen Typen, die sich behaupten konnten, weil sie den gegenwärtigen Umweltbedingungen auf Erden gut angepaßt sind. So viel Zeit zu Versuch und Irrtum, wie die Natur hatte, haben wir mit unserer Technik nicht. Sie wird niemals eine positive Energiebilanz zustande bringen; das einzige, worauf wir hoffen können und woran wir arbeiten müssen, sind bessere Wirkungsgrade beim Verbrauch der freien Energie, die wir teils auf Erden noch zur Verfügung haben, teils aus dem Sonnenlicht gewinnen müssen. Vor allem aber müssen wir die Natur pflegen, weil sie vor allem den Niedergang der Welt bremsen kann.

Die Erinnerung an das Wirken des Zweiten Hauptsatzes in allem, was wir tun, der Hinweis auf dieses Grundgesetz des Niedergangs hat nicht nur die Vitalisten und die Ökonomen zum Widerspruch gereizt, sondern auch die technischen Optimisten. Sie vereinigen sich, wie Rifkin schreibt, unter der Fahne »Es gibt immer einen Ausweg«. Von irgendwoher, aus einem Labor, einer Fabrik werde die Lösung schon kommen. Zumal Ökonomen und Publizisten, die von Naturgesetzen wenig verstehen und halten, bekennen gern ihren Glauben in die Forscher, die noch immer für jedes Problem eine Lösung gefunden hätten. Aber auch Naturwissenschaftler sind voller Zuversicht, daß der technische Fortschritt die Weltprobleme der Energieknappheit und Ressourcenverarmung überwinden werde. So hat der bayerische Wissenschaftsminister Wolfgang Wild vor Militärpfarrern und vor der Amerikanischen Handelskammer über Ethik und Technik gesprochen und sich mit dem Fortschrittspessimismus und dem Entropiesatz beschäftigt. Die Informations- und Datentechnik sei heute die am schnellsten wachsende Branche, gekennzeichnet durch geringen Energieverbrauch, während die Stahlindustrie mit ihrem hohen Energieverbrauch schrumpfe. Die technologische Entwicklung führe hin zu geringerem Ressourcenverbrauch bei gesteigerter Wertschöpfung.

Die Beobachtung ist richtig und unrichtig zugleich. Denn die Informations- und Datentechnik mag zwar für sich selbst weniger Ressourcen und Energie verbrauchen als frühere Datentechnik, aber sie steuert optimal die beschleunigte Verschwendung in anderen Bereichen. Wir müssen sehen, was gesteuert wird. Wo Mikroelektronik in der Autoindustrie den Ausschuß vermindert, mag die Ersparnis an Energie und Material bedeutend sein; wo sie die Abfüllmaschinen für Einwegverpackungen beschleunigt, bewirkt sie genau das Gegenteil. Wilds Bemerkung, die moderne technische Entwicklung tendiere glücklicherweise in Richtung einer Entschärfung der Umweltkrise, kann nicht mehr versprechen als partielle Linderung, zum Beispiel, wenn es gelingt, Wirtschaftswachstum – was immer das sei – vom Wachstum des Energieverbrauchs unabhängig zu machen. Gesenkt werden die Kosten bei der

Steuerung jener Prozesse, die Materie und Energie umsetzen, also aus der Verfügbarkeit in die Zerstreuung befördern. Und Autos entstehen nicht allein aus ressourcenschonender und umweltfreundlicher Information, sondern aus Stahl, Kupfer, Blei, Kunststoff und Lack-Lösungsmitteln. Daß »ein immer größerer Teil der Wertschöpfung auf die sauberen neuen Industrien« entfällt, mag sein, nur muß man auch nach dem Charakter des geschöpften Wertes fragen. Er wird in Geld ausgedrückt und spiegelt das vermehrte Wissen darüber, wie der Durchfluß von Materie und Energie durch das Wirtschaftssystem beschleunigt werden kann, was bei uns Wachstum heißt.

Solches wirtschaftliche Wachstum, so Wild, sei für die Umwelt in Zukunft weniger drückend als bisher, weil der technische Fortschritt es ermögliche, die Belastung zu verringern und die Produktion dennoch zu steigern. Das mag sein, doch hebt es nicht den Entropiesatz aus den Angeln. Die Herstellung eines modernen Automobils, das im Laufe seines Lebens dank niedrigem Benzinverbrauch und Katalysator der Umwelt viel Belastung erspart, hat zu seiner Herstellung etwa 22 000 Kilowattstunden Energie gebraucht, aber dieses nicht allein in Strom, sondern in vielerlei Gestalt von Stahl bis Kupferdraht, von Sitzpolstern bis zur Heizung der Werkstatt für die Montage. Gesteigerte Gütererzeugung ist nie und nimmer bei verminderter Umweltbelastung zu haben – an ein solches Wunder kann nur glauben, wer oberflächlich rechnet oder wirtschaftspolitischen Theorien vertraut. Umweltfreundliche moderne Technik kann die Umweltbelastung mindern im Vergleich zu jener, die von alter Technik ausgehen würde. Daß wir durch moderne Technik der »Umweltzerstörung wirksam begegnen« könnten, wie Wild meint, ist Wunschdenken; wir können sie allenfalls bremsen, aber selbst dabei muß gut gerechnet werden, ob nicht die Anschaffung der modernen Technik genausoviel Schaden erzeugt wie die Weiterbenutzung der alten. »Wir können die Probleme, die uns heute bedrängen, durch die Entwicklung einer ressourcenschonenden und umweltfreundlichen Hochtechnologie besser lösen als durch die Flucht in Primitivtechnologien oder gar den Ausstieg aus der industriellen Zivilisation«, sagte Wild. Das ist ein Glaubensbekenntnis, aber ob das auch wirklich so ist, entscheiden zuerst jene, die definieren, was »drängende Probleme« sind, sodann die Kalkulatoren der Bilanz von technischer Hochrüstung oder Zu-Ende-Nutzung vorhandener Technik und schließlich die Produzenten von »Primitivtechnologie«, die möglicherweise stabiler und zukunftstüchtiger ist als die Hochtechnologie.

Wolfgang Wild setzte sich mit dem Artikel in der *Süddeutschen Zeitung* auseinander, wonach alle Technik die Umwandlungsprozesse und damit die Entropiezunahme beschleunige, so daß durch unsere Arbeit die Erde immer ärmer werde. »Man kann dieser Argumentation eine gewisse Konsequenz und Logik nicht bestreiten.« Ganz langfristig gesehen sei es wohl so, aber die Erde sei energetisch kein geschlossenes System, und die Sonne werde noch 5 Milliarden Jahre lang scheinen. Das Gesetz von der Materie-Entropie sei aber kein Naturgesetz, und mit reichlicher Energiezufuhr lasse sich niedrigkonzentrierte Materie in hochkonzentrierte überführen. So könne man zum Beispiel das im Meerwasser gelöste Gold gewinnen. »Wenn uns Energie in ausreichender Menge zu günstigen Preisen zur Verfügung steht, dann ist die Entwertung der Materie kein unvermeidbares Schicksal, dann hängt es ausschließlich von unserer Erfindungskraft ab, in welchem Umfang wir durch Recycling, vor allem aber durch Substitution, Nutzung ärmerer Lagerstätten (Beispiel Gold im Meer) und technologisch bedingte Einsparung unsere nutzbare Rohstoffbasis erhalten und de facto sogar erweitern können.« Wild schließt mit der Aufforderung, bei »aller berechtigten Kritik an den negativen Seiten unserer Lebenswelt . . . deren positive Aspekte nicht gänzlich aus den Augen zu verlieren. Der technische Fortschritt hat uns – dem Entropiegesetz zum

Trotz – eben nicht ärmer, sondern reicher gemacht.« Das stimmt, aber es ist die Widerlegung einer nicht aufgestellten Behauptung. Nicht daß »wir« ärmer würden, war behauptet worden, sondern daß die Welt verarme. Und solches alles geschieht nicht dem Entropiegesetz zum Trotz, sondern zu seiner Bestätigung. Die Menschen leben von der Ausbeutung der Natur, und ihr Wohlstand, wenn man ihn denn negative Entropie nennen will, ist erkauft mit scharfer Entropiezunahme in ihrer Umgebung, oder anders: mit dem Schwinden von Energievorräten, Rohstofflagern und Bodenfruchtbarkeit und mit dem Wachsen der Müllhalden, der Giftdeponien und der Erosion. Ist das so schwer zu erkennen? Sicher nicht. Aber es ist für Techniker, Politiker und Ökonomen offenbar bitter, es anzuerkennen, weil sie im Lichte solcher Tatsachen den Menschen keine falschen Versprechungen mehr machen könnten.

Gold aus dem Meer – ein Traum. Auch wenn es nur als Sinnbild gedacht ist für die Möglichkeit, die Materie-Entropie rückgängig zu machen, sofern man genügend Energie hat – woher soll die kommen? Der Techniker sagt: Aus der umweltfreundlichen Atomkernspaltung, aus Brütertechnik in Massenanwendung, aus der Kernfusion. Aber selbst wenn diese nicht nur »moralisch zu verantworten« wäre, wie Technik-Ethiker gern erklären, sondern auch technisch gelöst – als funktionierendes System mit sicherer Endlagerung des radioaktiven Abfalls –, es ginge wohl nicht ohne gewaltige Mengen von Abwärme mit entsprechenden Auswirkungen. Auch die friedliche Nutzung der Kernenergie ist kein Schleichweg um die Entropieproblematik herum.

Vielleicht doch eher Aufstieg?

Dem Aufsatz über das »Grundgesetz vom Niedergang« in der *Süddeutschen Zeitung* widersprach einige Wochen später der Astrophysiker Peter Kafka mit einem ebenso ausführlichen Essay im selben Blatt unter der Überschrift *Das Gesetz des Aufstiegs* (7./8. Mai 1988).* Der Widerspruch bezog sich allerdings weniger auf jene Gedanken im vorausgegangenen Aufsatz, die von der Ignoranz der Ökonomen handelten und von den unleugbaren Zeichen des Niedergangs; Kafka bestritt lediglich, daß der Niedergang einem Naturgesetz folge, also unvermeidlich sei und deshalb am besten mit Gleichmut hingenommen werden müsse. Wir müßten uns nicht »in philosophischen Pessimismus versenken« und »in Würde vor dem Unvermeidlichen resignieren«. Nicht das Entropiegesetz sei der Grund für den Niedergang, sondern die ganz gewöhnliche Dummheit, Trägheit und Gier sowie ein paar andere Todsünden. Das sei zwar schlimm genug, doch nicht unabänderliches Naturgesetz, sondern durch Einsicht zu beeinflussen.

Im weiteren schilderte Kafka den bisherigen Evolutionsprozeß seit dem Urknall, dem Zustand niedriger Entropie, bis zur Ausfaltung der Biosphäre und der menschlichen Existenz mit dem bisherigen Höhepunkt, dem freien Willen. Sei das nicht alles ein Aufstieg zu höherer Komplexität, größerer Vielfalt und zu mehr Ordnung – also ebenfalls zu immer niedrigerer Entropie? Der Widerspruch verschwindet, wenn man, wie Kafka selbstverständlich weiß, die antreibende Sonne bedenkt, die freie Energie zur Erde sendet, während in ihrem Inneren die Entropie zunimmt. Daß wir uns um diese Entro-

* Peter Kafka hat diesen Aufsatz inzwischen zu einem Buch erweitert, das unter dem Titel *Das Grundgesetz vom Aufstieg. Vielfalt, Gemächlichkeit, Selbstorganisation: Wege zum wirklichen Fortschritt* 1989 im Carl Hanser Verlag erschienen ist.

pievermehrung, die noch 4 bis 5 Milliarden Jahre weitergehen kann, keine Sorgen zu machen brauchen, ist gewiß; das wurde im Aufsatz über das Grundgesetz des Niedergangs ebenso gesehen, wie es in diesem Buch anerkannt wird.

Ob das Schicksal des Kosmos unter einem Grundgesetz vom Niedergang steht, ist eine offene Frage für Astrophysiker und Philosophen. Daß der Entropiesatz, besser: das Entropieprinzip, für die Materie im geschlossenen System Erde wie ein Grundgesetz gilt, ist aber nicht zu bestreiten, und dem widerspricht Kafka auch nicht. Er bestätigt diesen Sachverhalt vielmehr ausdrücklich: »... was hilft es, daß unser Planet und seine Sonne in geologischen Zeiträumen Erzadern oder Öl- und Kohlelager schaffen können, wenn wir die ›Treibstoffe‹ millionenmal schneller verpuffen, als sie entstehen, und all die wundersamen Elemente, in Müll oder Gift verwandelt, ins Meer leiten oder durch hohe Schornsteine in die Luft blasen und überm ganzen Land wieder herunterrieseln lassen? Wir beuten möglichst jede Abweichung vom thermodynamischen Gleichgewicht, die wir in unserer toten oder lebendigen Natur entdecken, sofort in der Hoffnung auf Vorteil aus, erzeugen dabei Entropie und stellen kurz darauf fest, daß dies im wesentlichen auch schon alles war, was wir erzeugt haben. Der erhoffte Vorteil wird durch die der Entropie entsprechende ›Unordnung‹, also die an den eigenen Wurzeln angerichteten Schäden, weit überwogen. Was wir dabei an Geld ausgeben, auch für die Linderung der Schäden, zählen wir im Bruttosozialprodukt einfach alles zusammen, alles positiv, und nennen es die ›Wertschöpfung‹ ... Wenn wir das gleiche tun wie bisher oder gar noch mehr davon, so muß es uns immer schlechter gehen, weil wir mehr Werte vernichten als schaffen. Das ist der Niedergang, den Christian Schütze meinte. Nur ein kleines Mißverständnis war dabei: Nicht die Zeit entwertet die Welt. Die Eile ist es!«

Dem kann der Autor zustimmen, doch sieht er kein Mißverständnis. Die Zeit entwertet die Welt langsam, die Eile beschleunigt die Entwertung. Eine natürliche Entropievermehrung vollzieht sich auch ohne menschliches Zutun in langen Zeiträumen. Mag sein, daß dieser Wertverlust durch die »Wertschöpfung« der Evolution aufgewogen oder überwogen wird. Vielleicht entfaltet das Grundgesetz nur in diesen Dimensionen seine unausweichliche Wirkung. Vielleicht ist der Begriff, der eben diese Unausweichlichkeit enthält, zu stark zur Beschreibung jenes Niedergangs in Biosphäre und Atmosphäre, der durch menschliches Handeln, zumal durch emsige Arbeit, ausgelöst wird. Mag sein, daß Dummheit und Gier hier die größere Rolle spielen als der Zweite Hauptsatz, daß also nicht ein Naturgesetz regiert, sondern die menschliche Natur mit ihren Fehlern. Doch bleibt die Kenntnis des Entropiesatzes, der doch immer mitwirkt beim Wirtschaften, als Schutz gegen Selbstbetrug und Illusionen wichtig.

Eine unangenehme Wahrheit

Die Beobachtung der epikureischen Philosophenschule, daß der Mensch ein Wesen sei, welches den Schmerz meidet, mag die Unlust der Nationalökonomen erklären, sich mit dem entropischen Charakter des Wirtschaftsprozesses auseinanderzusetzen. Daß es so ist, läßt sich aus Hunderten ihrer Lehrbücher und Tausenden ihrer Zeitschriften- wie Zeitungsartikel ablesen: Man liest dort nichts darüber.

Schmerzen muß die Enttäuschung, daß selbst bei größter Arbeitsanstrengung und bei noch so beschleunigtem technischen Fortschritt die Armut auf Dauer nicht besiegt werden kann. Die Kreisläufe, in denen sich die Wirtschaftsgüter bewegen, sind nicht geschlossen; sie haben gewaltige Lecks. Die Kreisläufe anzutreiben, verlangt freie Energie, die zu Entropie wird; je intensiver wir uns darum bemühen, den Abfluß aus den Lecks durch Recycling zu verringern, um so stärker steigt der Energieverbrauch. Das Bestreben aller Wirtschaftspolitik ist es, Wirtschaftswachstum zu erzeugen. Wirtschaftswachstum heißt aber nichts anderes, als daß der Energiedurchfluß durch das System beschleunigt und verbreitert wird und daß mehr Rohstoffe zu Gebrauchsgegenständen verarbeitet werden. Wirtschaftswachstum bedeutet in erster Linie Wachstum der Entropie in allen ihren Erscheinungsformen: Müllhalden, Geldmengen, Umweltprobleme. Am Entropiesatz scheitert die Illusion der Ökonomen und Wirtschaftspolitiker, es könnte auf Dauer gelingen, die Armut aus der Welt zu vertreiben.

Wachsender materieller Wohlstand in den westlichen Industrieländern widerspricht dem Zweiten Hauptsatz der Thermodynamik nicht, sondern bestätigt ihn. Die Zunahme von Wohlstand, die sich ausdrückt im Überfluß von Energie und Materie, also von negativer Entropie, gelingt nur durch die

Vermehrung der Entropie in anderen Weltgegenden. Die Illustration dazu: Europäische Giftmüllschiffe – »Zanoobia« oder »Petersberg«, um nur die bekanntgewordenen Fälle zu erwähnen – suchen afrikanische oder vorderasiatische Küsten nach einem Hafen ab, wo sie ihre Ladung löschen können. Wenn es gelingt, bringen sie auf der Rückfahrt wertvolle Rohstoffe nach Europa. Aus der Konzentration fährt die Fracht in die Verarbeitungsbetriebe, von denen sie in die Zerstreuung entlassen wird; der Giftabfall aus der Produktion kehrt in die Geberländer zurück.

Der Zweite Hauptsatz ist eben keine Theorie, wie Armin Grünewald vermutet, sondern eine drückende Tatsache, mit der die Weltwirtschaft sich auseinandersetzen muß. Als Dennis Meadows im Auftrag des Club of Rome seine Computerstudie über die Grenzen des Wachstums anfertigte, mußte er offenlassen, ob diese Grenzen zuerst sichtbar werden würden durch Rohstoffmangel oder durch Umweltvergiftung. Das letzte Jahrzehnt hat ergeben, daß die Umweltvergiftung wahrscheinlich das drängendere Problem werden wird. Die Herstellung des erwünschten Produkts im Wirtschaftsprozeß hat eben die schon von Friedrich Engels beobachteten unerwünschten Folgewirkungen. Und diese sind – ähnlich dem ungünstigen Verhältnis von gewollter mechanischer Ausbeute zu Abfallwärme in den Wärmekraftmaschinen – oftmals größer als die erwünschte Hauptwirkung.

Ozonloch und Treibhauseffekt, Waldsterben und ungelöste Entsorgungsprobleme bei den hochradioaktiven Abfällen aus den Kernkraftwerken sind der konkrete Ausdruck des Gesetzes von der Vermehrung der Entropie in geschlossenen Systemen. So unterschiedlich sie bei genauer Betrachtung auch entstehen und wirken, sie vergrößern das Maß der Unordnung. Wie schwierig es ist, hier entgegenzuwirken und zum Beispiel Entsorgungsprobleme zu lösen, wissen die Energiepolitiker ebenso wie jeder Dorfbürgermeister, dessen Mülldeponie gefüllt ist und der nicht mehr weiß, wohin er in Zukunft den Abfall dirigieren soll. Die für traditionelle Ökonomen so beruhigende Tatsache, daß an Materie nichts verlorengehen kann, hat eben leider auch die Kehrseite, daß Unerwünschtes nicht aus der Welt zu schaffen ist. Das Schwefeldioxyd, das den Kaminen von Kraftwerken, Fabriken und Wohnhäusern entsteigt, das auch den Dieselmotoren entströmt, das dann zu saurem Regen wird und die Wälder ruiniert, läßt sich zwar durch Rauchgaswaschanlagen oder andere Techniken an der Quelle zurückhalten. Es muß aber dann, wenn man es nicht (anstatt, wie bisher, der Luft), nunmehr dem Flußwasser übergeben will, chemisch gebunden abgelagert werden. So haben Kraftwerksbetreiber ihre Probleme mit den Mengen von Gips, der auf diese Weise entsteht und schwer verkäuflich ist.

Nicht immer finden sich so glückliche Auswege wie das Wellmann-Lord-Verfahren zur Rauchgasentschwefelung, bei dem nicht der lästige Gips entsteht, sondern verkäufliches Natriumsulfat und reiner Schwefel. Das Kohlekraftwerk Buschhaus, jahrelang berüchtigt für seinen enormen Ausstoß von Schwefeldioxyd, und die britische Firma, die das Verfahren entwickelte und die Technik einbaute, erhielten, nachdem endlich alles bestimmungsgemäß arbeitete, den »Deutschen Recycling-Preis 1989«.

Daß die Spätfolgen zweckmäßiger Maßnahmen sich regelmäßig einstellen, daß sie Abhilfen erfordern, die wiederum unerwünschte Nebenwirkungen haben, ist der Beweis für die Wirksamkeit des Gesetzes von der Entropievermehrung. Es handelt sich nicht um eine Theorie, mit der man sich in der Studierstube beschäftigen oder auch nicht beschäftigen kann, sondern um ein jederzeit wirkendes Weltgesetz, das ganz besonders jene im Auge behalten sollten, die wirtschaftlich handeln. Georgescu-Roegen hat es mit Recht das »am meisten ökonomische aller Naturgesetze« genannt. Es hat freilich den Nachteil, daß es Illusionen zerstört, aber die Zeit des ökonomischen Übermutes und der Illusionen geht zu Ende. Der technische Fortschritt in der Ausbeutung der Ressourcen kann ihre Verknappung nicht mehr überspielen. Die Verfügungsgewaltigen über Rohstofflager und Energiequellen werden eines Tages begreifen, daß sie die einzige harte Währung auf dieser Erde in Händen halten. Zwar funktioniert das Wechselspiel vorerst noch: Steigende Rohstoffpreise erzeugen technischen Fortschritt zur Substitution solcher Rohstoffe oder zu verstärktem Recycling; dann sinkt die Nachfrage, und die Konkurrenz der Rohstoffanbieter drückt die Preise; daraufhin rentieren sich rohstoffsparende Maßnahmen nicht mehr und unterbleiben; bei anhaltendem Wirtschaftswachstum steigt die Nachfrage nach Rohstoffen erneut, die Preise ziehen wieder an. Der Kreis ist geschlossen – so scheint es. In Wahrheit sind Rohstoffe aus der konzentrierten Form, die sie in den Lagerstätten hatten, in die Umwelt zerstreut worden. Recycling hat nur einen Teil von ihnen wieder eingefangen. So gehen die Zeiten, in denen diese Werte als »freie Güter« gesehen wurden, deren Preis sich nur nach den Gewinnungskosten richtet, unaufhaltsam zu Ende. Die Materie im Wirtschaftsprozeß muß an Wert gewinnen. Sie wird knapp, weil sie nicht kreist, sondern aus der Konzentration in die Zerstreuung entschwindet.

Selbstverständlich sind den Ökonomen diese Tatsachen bekannt. Die Vertreter einer neuen Denkrichtung im Gefolge von Georgescu-Roegen versuchen, die Auswirkungen des Entropiegesetzes im Wirtschaftsprozeß quantitativ zu erfassen. Sie mißtrauen der alten Schule, wonach Rohstoffgewinnung nur eine Preisfrage sei. Selbst wenn das richtig wäre, würde es doch nichts an der Tatsache ändern, daß wirtschaftliche Tätigkeit zu Ende kommt, sobald ihre Kosten den möglichen Gewinn übersteigen. Dabei kann die wirkliche Kostenrechnung, die sich auf die Entropiebilanz beziehen müßte, eine Zeitlang hinter Vorhängen von Papiergeld verschleiert werden. Aber dessen Entwertung durch Inflation – gegen die dann allerhand Patentrezepte empfohlen werden – erinnert daran, daß irgendwo Werte verschwunden sein müssen, für die das gute Geld von früher ein Abbild war.

Unser gegenwärtiges Wirtschaften kann zu dem verheißenen Wohlstand für alle, der ständig wächst, nicht führen. Die gebräuchlichen Begriffe der Nationalökonomie müssen im Licht des Entropiesatzes neu überdacht werden. Ist die Geldmenge vielleicht ein Äquivalent für den vom Menschen erzeugten Anteil an der Entropie? Repräsentiert sie vielleicht den Pegelstand des Wertlosen? Ist Inflation der Tachometer der Entropievermehrung? Um welchen hohen Preis, gerechnet in zusätzlicher Entropie, schafft Arbeit heute sogenannte Werte? Durch Arbeit beschleunigt der Mensch die unvermeidliche natürliche Entwertung der Welt in der Zeit.

Die Fragen führen in tiefen Pessimismus hinein, weshalb gegen die Ahnungen, daß es vielleicht mit unserem Wirtschaften kein gutes Ende nehmen könnte, allerlei Rezepte angeboten werden. Sie sind nicht falsch, sofern sie geeignet sind, die Entropievermehrung zu bremsen, aber die gebräuchlichsten beruhen auf Illusion.

Eines der Zauberworte heißt: Bessere Technik. Sie ist das Ziel des Fortschritts geworden, seit der Übermut der unmittelbaren Nachkriegszeit vorüber ist und wir mit der zunächst nur politisch organisierten Knappheit des Energieträgers Erdöl Bekanntschaft machten. Bessere Wirkungsgrade von Maschinen, Heizungen, Verkehrsmitteln stehen seither auf der Wunschliste obenan, wo bis dahin Prestigekonsum, Luxus und Verschwendung standen. Energiesparen im Systemzusammenhang ist zum Programm geworden: Bessere Energiedienstleistungen werden angestrebt; die Methoden reichen von der einfachen Fensterisolierung bis zur Fernheizung, zur Wärmepumpe oder zum Kleinkraftwerk mit Abwärmenutzung. Unter dem Eindruck vorübergehender Knappheit hatte das Fortschrittsdenken neue Ziele anvisiert. Doch mit der Rückkehr des scheinbaren Überflusses hat die Politik sie wieder aus den Augen verloren. Die alte Verschwendung schäumte wieder hoch, geduldet, wenn nicht gefördert von einer Wirtschaftspolitik, die sich an Zuwachsraten des Sozialprodukts berauscht. Die Verschwendung wird gefördert von einer Steuerpolitik, die ausschließlich fiskalisch orientiert ist und jede Begünstigung erwünschter Entwicklungen als systemwidrigen Eingriff in das Marktgeschehen nach Möglichkeit vermeidet. So müssen Energiesparpolitik und Umweltschutzpolitik auf steuerliche Anreize weitgehend verzichten, obwohl es klug wäre, die noch vorhandenen Reste freier Energie und negativer Materie-Entropie zur Vorbereitung auf die Zukunft, also zum Aufbau tragfähiger Solartechnik zu nutzen. Statt dessen sollen die Marktkräfte erst später, wenn die unumgängliche Knappheit zu drücken beginnt, die rettenden Anstrengungen auslösen. Das wird hart werden, weil bis dahin die nötigen Energieträger und Rohstoffe zerstreut sind. Der Markt hat kein Organ für die Zukunft; ein solches erwartet man deshalb von verantwortungsbewußten Regierungen, allerdings vergeblich.

Die Vernachlässigung des Umweltschutzes durch die deutsche Bundesregierung hält zwar bis heute an, ist aber nicht mehr so absolut, seit die Erfahrung gemacht wurde, daß Umweltschutz auch Arbeitsplätze schafft. In Zeiten hartnäckiger Arbeitslosigkeit als Folge forcierter Rationalisierung ist alles erwünscht, was Arbeitsplätze verspricht. Allerdings wäre dabei zu beachten, daß der Entropiesatz dem technischen Umweltschutz Grenzen zieht, und nur um technischen Umweltschutz geht es, wenn von möglichen neuen Arbeitsplätzen die Rede ist. Der konventionelle Naturschutz, der im Verhindern von Zerstörung vorhandener Werte besteht, schafft kaum Arbeitsplätze; allein mit der Reparatur angerichteter Schäden ist Geld umzusetzen, was sich dann in Arbeitsplätzen auswirkt und in das Sozialprodukt eingeht. Technischer Umweltschutz – Kläranlagen, Recycling, Reinigungsverfahren, Altlastenbeseitigung – erzeugt aber allemal beim Einsatz von Material und Energie auch Entropie im Umfeld. Wenn die Bilanz bei der Materie-Entropie auch positiv sein mag, weil Stoffe aus der Zerstreuung zurückgeholt werden, was der Zweck der Sache ist, so wächst doch die Energie-Entropie um so schneller. Es ist sicher besser, Arbeitsplätze beim Bau von Kläranlagen oder beim Betrieb von Recycling-Höfen zu schaffen als beim Bau von Autorennstrecken, aber eine Patentlösung für zwei Probleme ist unter der Formel »Arbeitsplätze durch Umweltschutz« nicht zu erwarten. Der Zweite Hauptsatz fordert auch hier seinen Anteil.

Zur Zeit wird das Glaubensbekenntnis vorgetragen, Ökonomie und Ökologie seien kein Widerspruch, ließen sich versöhnen. »Nach wie vor meinen viele Menschen, daß Wirtschaft und Umwelt einen grundlegenden, nicht zu harmonisierenden Zielkonflikt signalisiert. So als ob Wirtschaften stets mit Schäden für die Umwelt verbunden sein müsse... Was wir brauchen, ist ein Bündnis von Wirtschaft und Umwelt. Menschlicher Erfindergeist und technischer Fortschritt machen die Aussöhnung möglich.« So steht es in einer Veröffentlichung der Bayerischen Landeszentrale für Politische Bildungsarbeit in Zusammenarbeit mit dem Bayerischen Wirtschaftsministerium.

Es ist ein begrüßenswerter Fortschritt, daß Wirtschaftsministerien die Umwelt als unentbehrlichen Faktor des Wirtschaftens ernst nehmen und nicht nur als eine Erfindung von Systemveränderern betrachten. Aber die Aussage ist dennoch falsch. Menschliches Wirtschaften ist immer ein störendes Eingreifen in die Natur und richtet Umweltschaden an. Denn wir Menschen sind, wie alle anderen Lebewesen, darauf angewiesen, Energie aufzunehmen und Entropie abzuführen. Jeder Atemzug verändert die Umwelt, weil aus Sauerstoff zum Zwecke der Energiefreisetzung der Nahrung Kohlendioxyd entsteht; und jedes Auto, das während der Fahrt genausoviel Sauerstoff verbraucht wie 900 Menschen in derselben Zeit, stört eben die Umwelt neunhundertmal so stark. Zwischen diesen beiden Extremen liegt eine lange Skala abgestufter

Unversöhnlichkeiten. Es ist unsinnig, sich Illusionen zu machen, die doch nur dazu führen können, daß umweltschonendes Verhalten für unnötig gehalten wird, weil doch irgendwo der menschliche Erfindergeist – zu entwickeln von anderen – die große Aussöhnung bewerkstelligen werde. Der Zweite Hauptsatz läßt sich nicht mit angenehmen Formeln aus der Welt schaffen.

Ein weiteres Glaubensbekenntnis ist der Satz »Wir brauchen Wirtschaftswachstum, um den Umweltschutz bezahlen zu können«. Der Satz ist entweder zur Betäubung der gutgläubigen Umweltschützer gedacht, die sich mit Wirtschaftswachstum eben abfinden müßten, wenn sie etwas bekommen wollen. Oder er ist ein monumentaler Ausdruck von Entropie-Ignoranz. Die für die Umwelt negativen Folgen von Wirtschaftswachstum wären selbst dann noch größer als der durch Umweltschutz erzielbare Nutzen, wenn man das gesamte Sozialprodukt für diesen (technischen) Umweltschutz aufwenden würde. Der Zweite Hauptsatz legt das Programm fest, nach dem die Rolltreppe um so schneller abwärts läuft, je schneller wir hinaufzurennen versuchen. Zum gesteigerten Umweltschaden, den Wirtschaftswachstum unausweichlich erzeugt, kommt der politische Schaden, wenn in demagogischer Absicht gegen die Wachstumskritiker verkündet wird, Wachstum sei nötig, weil andernfalls die Demokratie zusammenbreche. Wenn wir uns auf die Alternative einlassen: »Entweder Umweltzerstörung oder Diktatur«, werden wir wahrscheinlich das Eintreffen von beidem beschleunigen.

Wo sind, statt der Illusionen und der Selbsttäuschung, bessere Rezepte zu finden? Wie können wir den vom Naturgesetz verordneten Niedergang wenigstens bremsen, wenn wir ihn schon nicht aufhalten oder gar umkehren können? Die empfohlenen Mittel sind bekannt: bessere Technik, Sparsamkeit, Vermeidung von Umweltschmutz aller Art schon an der Quelle; denn wenn er einmal entwichen ist, läßt er sich nur noch mit großem Aufwand wieder einfangen. Sodann das

Sortieren von Abfall, der ja nur »Rohstoff am falschen Platz« ist, die Entwicklung von langlebigen oder wenigstens gut rezyklierbaren Gebrauchsgütern – alles taugliche Rezepte gegen eine Beschleunigung des Entropievermehrungsprozesses, der Wirtschaft heißt.

Aber den besten Wirkungsgrad in diesem Bemühen erreicht noch immer der konventionelle Naturschutz. Die lebende Natur ist das einzige Bollwerk gegen die Entropievermehrung. Vegetation sammelt und konzentriert Sonnenenergie zu Nahrung und Brennstoff; sie bremst den entropischen Prozeß in der anorganischen Welt, indem sie die erodierenden Kräfte des Windes und des Wassers aufhält. Bergwald verhindert, daß Humus durch Platzregen in die Flüsse und von dort in die Meere geschwemmt wird, daß Berge abgetragen und Ozeane flacher werden. Pflanzen, Seegras und Strandhafer befestigen Dünen gegen die abtragenden Kräfte der See. Wo durch Tourismus oder Besiedlung die empfindliche Dünenvegetation zerstört oder auch nur geschwächt wird, verschwindet Land in Sturmfluten wie die Hörnum-Odde an der Südspitze der Insel Sylt. Pflanzen allein sorgen dafür, daß die Erde in ihrer Qualität als offenes System auch fruchtbar ist; sie bremsen den Energiestrom aus der Sonne und den Rückstrom ins Weltall ab. Nur dadurch, daß sie diese Energie verfügbar machen, konnten sich die vielfältigen höheren Strukturen, die bewunderungswürdige Ordnung, die großartige Fülle der negativen Entropie in der lebendigen Natur entwickeln.

Alle Systeme in der Natur sind auf geringen Energiefluß eingestellt. Sie sind um so lebenstüchtiger, je weniger Energie sie in Entropie verwandeln, die sie abführen müssen. Der ökonomische Prozeß der Industriegesellschaft mit seinem Massenumsatz von freier Energie und konzentrierten Rohstoffen, mit seiner Massenproduktion von Entropie in Form von Abwärme oder Abfall ist das genaue Gegenteil des überlebensfähigen Systems in der Natur. Managerweisheit: Bedarf wird nicht gedeckt, sondern geweckt. Zu seiner Erhaltung braucht das Industriesystem fortwährend steigende Mengen an negativer Entropie, die doch nach dem Zweiten Hauptsatz als noch viel größere Mengen von giftiger Entropie enden.

Die Einsicht in diese Zusammenhänge breitet sich immerhin langsam aus. So will die International Society for Ecological Economics das Studium und das Management des Naturhaushalts und des »Haushalts der Menschheit« (Ökonomie) in einer integrierten Weise fördern. Zur Zeit seien Wirtschaftspolitik und Umweltpolitik so weit voneinander getrennt, daß ihre gegenseitige Zerstörung wahrscheinlicher sei als nützliche Gemeinsamkeit. Die Gesellschaft mit Sitz am Coastal Ecological Institute der Louisiana State University in Baton Rouge, Louisiana, gibt auch die Zeitschrift *Ecological Economics* heraus, deren Ziel es ist, Ökologie und Ökonomie zu integrieren.

Eine neue Generation von Nationalökonomen scheint heranzuwachsen, und sie breitet neue Einsichten in umfangreicher Publizistik aus. Das kann den naturgesetzlich vorgezeichneten Niedergang zwar nicht abwenden, wohl aber – würden ihre Lehren befolgt – verlangsamen. Besteht Aussicht darauf, daß sie befolgt werden? Nach bisheriger historischer Erfahrung bevorzugt die Menschheit die Illusion des Reichtums und die Hoffnung auf künftigen Wohlstand vor jeder noch so reinen, aber schmerzhaften Wahrheit. Wenn wir den Zweiten Hauptsatz der Thermodynamik schon nicht überlisten können, so wollen wir ihn doch möglichst lange übersehen. Am einfachsten lebt es sich dann, wenn man von seiner Existenz gar nichts weiß. Viele Ökonomen verstehen von dieser Psychologie mehr als von Wirtschaft, obwohl sie das sicher heftig bestreiten würden.

Warum haben sich die Wirtschaftstheoretiker, die doch sonst vor Abstraktionen nicht zurückschrecken, nicht mit dem Entropiegesetz beschäftigt? Es ist doch wirklich nicht schwer, in ihm das Weltgesetz zu erkennen, dem auch menschliches Wirtschaften unterworfen ist und dessen Berücksichtigung vielleicht manchen rätselhaften Vorgang, den Wirtschaftswissenschaften vergebens untersuchen, erklären könnte. Die Verliebtheit in den Kreisprozeß konnte doch nicht zwei Jahrhunderte hindurch eine ganz Wissenschaft mit ihren Zehntausenden von nachdenklichen Vertretern von der Einsicht abhalten, daß der Weltprozeß eine Richtung hat und daß diese von der Ordnung zur Unordnung, vom Nutzbaren zum Unnützen, vom vorübergehenden Reichtum zur unvermeidlichen Armut führt. Des Rätsels Lösung hat Helmar Nahr in einem Brief an den Verfasser versucht. Er schrieb, die moderne Nationalökonomie sei keine Wissenschaft von den Dingen, sondern eine Wissenschaft vom Geld. Geld verbrauche sich nicht, verschlissene Geldscheine würden immer wieder ersetzt. Deshalb könne Geld immer im Kreise umlaufen. Hier sei das Kreislaufmodell der Ökonomie berechtigt, die eine Wissenschaft von den Geldkreisläufen sei. Die güterwirtschaftlichen Begriffe, die in der Nationalökonomie verwendet würden – Rohstoffe, Maschinen, Konsumgüter –, seien nur nötig, um den Geldkreislauf zu strukturieren, die Geldmenge einzuteilen, den Teilmengen Namen und Eigenschaften zuzuschreiben: Einkommen, Sparquote, Umlaufkapital, Anlagekapital, Verfügbarkeit, Fälligkeit. Aber in Wahrheit interessiere sich die Nationalökonomie für die güterwirtschaftliche Seite des Produktionsprozesses nicht und denke auch nicht daran, sie zu untersuchen. Die Güterproduktion sei nur eine Blackbox, in die Geld hineingesteckt werde, damit Geld herauskomme. Auch die Vor- und Nachstufen des Produktionsprozesses, so Nahr, seien für die meisten Ökonomen nicht interessant. Rohstoffe und Umwelt hätten keinen Geldausdruck, ja, sie seien als »freie Güter« von der Bewertung ausdrücklich ausgeschlossen. Das sei die logische Folge des Umstandes, daß der Globus niemandes Eigentum sei, während Geld nur als Eigentum existiere.

Vielleicht fürchteten die Ökonomen auch die deprimierende Einsicht, es könnten vor dem unbestechlichen Zweiten Hauptsatz die Erwartungen auf immer steigenden Wohlstand und ständiges Wachstum zerbrechen; die traurige Wissenschaft, wie Thomas Carlyle die Nationalökonomie genannt hat, wäre noch trauriger geworden. So verharren die Ökonomen lieber bei ihren unbegründeten Hoffnungen.

Sie möchten einen Beitrag zum Glück der Menschheit leisten und glauben, dies zu tun, indem sie Wohlstand versprechen. Unablässig sind sie auf der Suche nach neuen Formeln, aber seit Adam Smith ist keine gefunden worden, die das Rezept zu dauerhaftem Glück und Reichtum für jedermann wirklich enthielte. An Phantasie fehlt es bei all diesen Bemühungen nicht, aber der Entropiesatz macht noch die scharfsinnigsten Überlegungen zunichte. Wir können uns drehen und wenden, wie wir wollen, unsere Probleme bleiben so lange ungelöst, wie es uns nicht gelingt, die einzige unversiegliche Quelle negativer Entropie so intensiv anzuzapfen, daß sie unseren gesamten Energiebedarf deckt, einschließlich des Energieaufwandes, den wir treiben müssen, um die Materie-Entropie möglichst niedrig zu halten. Diese unversiegliche Quelle negativer Entropie ist die Sonne. Gewiß, auch sie kommt in 4 oder 5 Milliarden Jahren zum Ende, doch dürfen wir nach unseren bescheidenen Maßstäben der bisherigen Menschheitsgeschichte diese Energiequelle ewig nennen. Allein solche Arbeiten und Investitionen, die der Ernte von Sonnenenergie dienen, verschlechtern nicht die Energiebilanz, vermehren nicht die Entropie des Systems Erde. Während sich die freien Güter der herkömmlichen nationalökonomischen Theorie im Prozeß ihrer Verknappung als unfrei erweisen, weil sie zum Kapital des geschlossenen Systems Erde gehören, erweist sich das Einkommen aus der Sonne als dauerhafte Basis des Lebens. Wenn wir uns auf das verlassen, was wir auf Erden an Energievorräten haben, dann verurteilt das Entropiegesetz die Menschheit schon bald zur Armut, wenn nicht zum Verlöschen; nur wenn wir uns darauf einrichten, daß wir wieder vom Einkommen leben müssen, können wir die Auswirkungen des Grundgesetzes vom Niedergang, das auch das kosmische Geschehen regiert, von uns fernhalten. Dann werden auch künftige Generationen noch erleben, daß die Sonne scheint und sie erhält.

Warum aber sollen wir uns solche Gedanken machen? Geraten wir damit nicht in die Nähe der überall ertönenden Aufforderung, wir möchten an die Ungeborenen denken, von denen wir die Erde nur geliehen haben – Aufforderungen, die etwas sehr Theoretisches haben und oft auch Heuchelei enthalten, weil der Verantwortungshorizont des Menschen über die Generation der eigenen Enkel nicht hinausreicht? Nein, die Antwort auf die Frage, wozu die Kenntnis des Entropieprinzips gut sei, ist zu geben im Hinblick auf uns, die Lebenden von heute. Das Verständnis des Entropieprinzips und seine Anwendung auf wirtschaftliches Handeln rauben uns den unschuldigen Glauben, daß immer mehr Wohlstand entstehen könne, sofern man nur die richtige Wirtschaftspolitik habe. Der Zweite Hauptsatz stößt uns mit der Nase auf harte Mauern. Aber wenn wir uns aufrichten, sehen wir klarer. Und zur Menschenwürde gehört eben nicht nur der Wohlstand, sondern auch die Erkenntnis der Wahrheit.

Literatur

Binswanger, Hans Christoph, u. a., Arbeit ohne Umweltzerstörung, Frankfurt/M. 1983.

ders., Geld und Magie, Stuttgart 1985.

Bosch, Christof, Die sterbenden Wälder, München 1983.

Brennpunkte: Recycling – Lösung der Umweltkrise? Publikation des Gottlieb-Duttweiler-Instituts, Zürich/Stuttgart o. J.

Engels, Friedrich, Ausgewählte Schriften, Berlin 1953.

Fischer-Öko-Almanach. Hg. Gerd Michelsen, Frankfurt/M. 1984.

Galbraith, John Kenneth, Gesellschaft im Überfluß, München 1959.

Georgescu-Roegen, Nicolas, The Entropy Law and the Economic Process, Cambridge/Mass. 1971.

Global 2000 – Der Bericht an den Präsidenten. Deutsche Ausgabe, Frankfurt/M. 1980.

Kafka, Peter, Das Gesetz des Aufstiegs, in: Süddeutsche Zeitung, 7./8. 5. 1988.

Kapp, K. William, Soziale Kosten der Marktwirtschaft, Frankfurt/M. 1979.

Lüscher, Edgar, Pipers Buch der modernen Physik, München 1980.

Marshall, Alfred, Principles of Economics, New York 1924.

Nahr, Helmar, Immer Ärger mit der Energie, Neustadt a. d. Aisch 1981.

Marx, Karl, Ausgewählte Schriften, Berlin 1953.

Natur – Denkstücke, München 1985 (hier die Rifkin-Goldsmith-Kontroverse).

Odum, Eugen P., und Reicholf, Josef, Ökologie, München 1980.

Petty, William, The Economic Writings of Sir William Petty, hg. von C. Hull, Cambridge 1899.

Rifkin, Jeremy, Entropy – A New World View, New York 1980; dt. Entropie – ein neues Weltbild, Hamburg 1982.

Schneider, Jürgen, Biosciences in conflict: provision of resources versus protection of environment, in: P. Arndt und G. W. Lüttig, Hg., Mineral resources' extraction, environment protection an land-use-planning in the industrial and developing countries, Stuttgart 1987, S. 29–46.

Schütze, Christian, Entropie, in: Natur, München 1981.

ders., Das Grundgesetz vom Niedergang, in: Süddeutsche Zeitung, 9./10. 1. 1988.

Schutz der Erdatmosphäre. Bericht der Enquête-Kommission des Deutschen Bundestages, Bonn 1988.

Weltprobleme, Peter J. Opitz, Hg., München 1982.

Wirtschaft und Umwelt. Bayerische Landeszentrale für politische Bildungsarbeit, München 1988.

Worldwatch-Paper 56: Chandler, William U., Materials Recycling, Washington D. C. 1983.